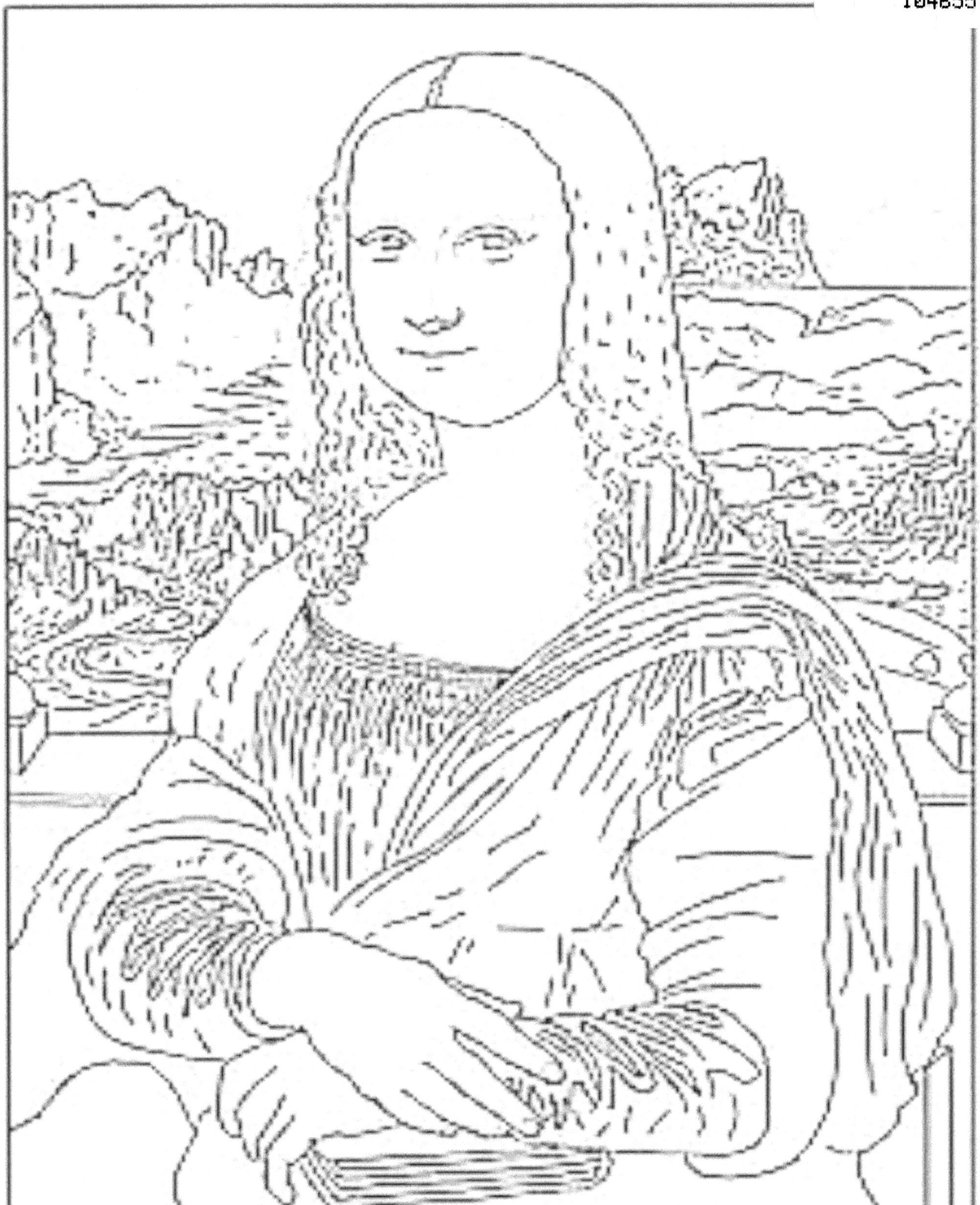
I0465577

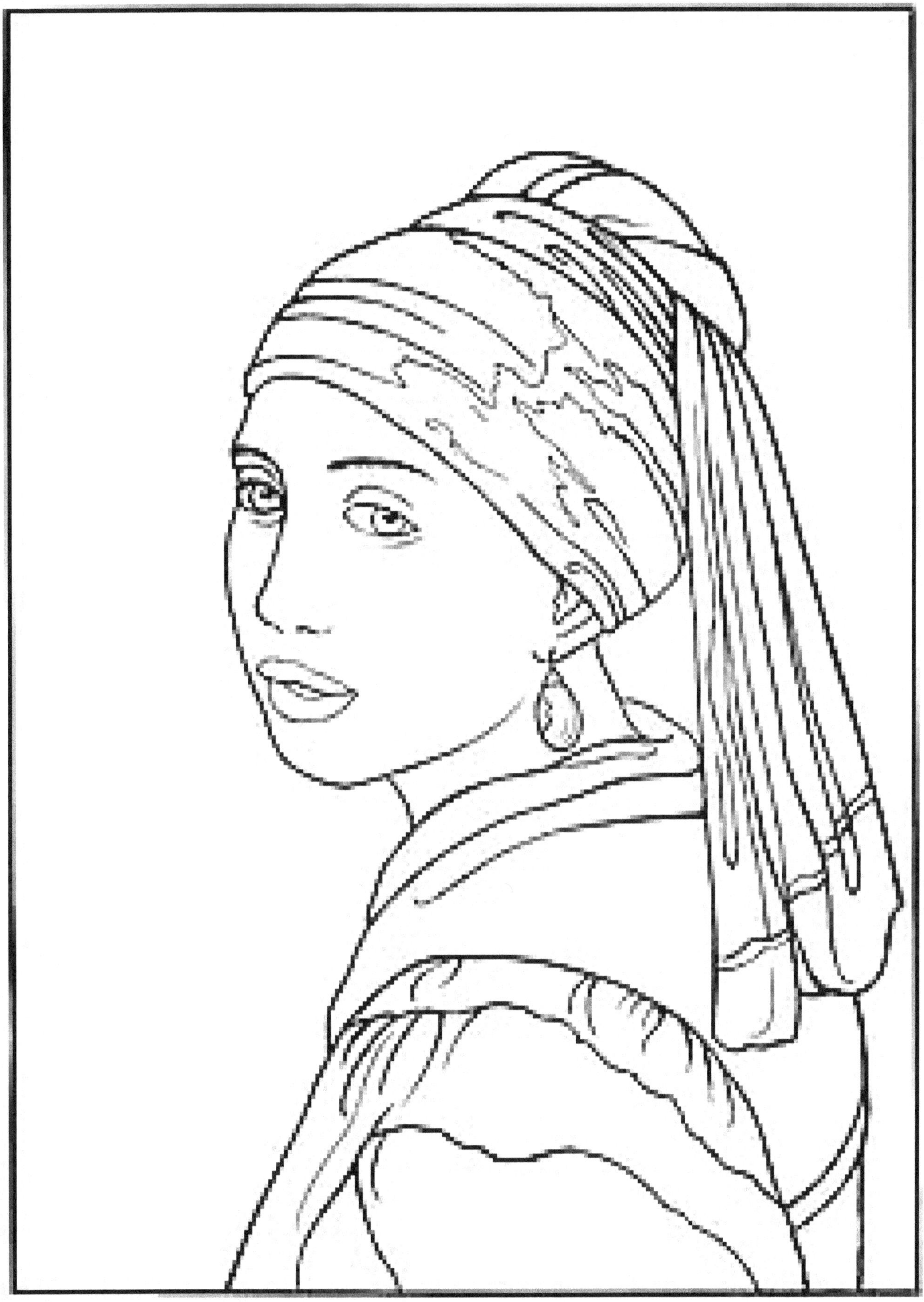

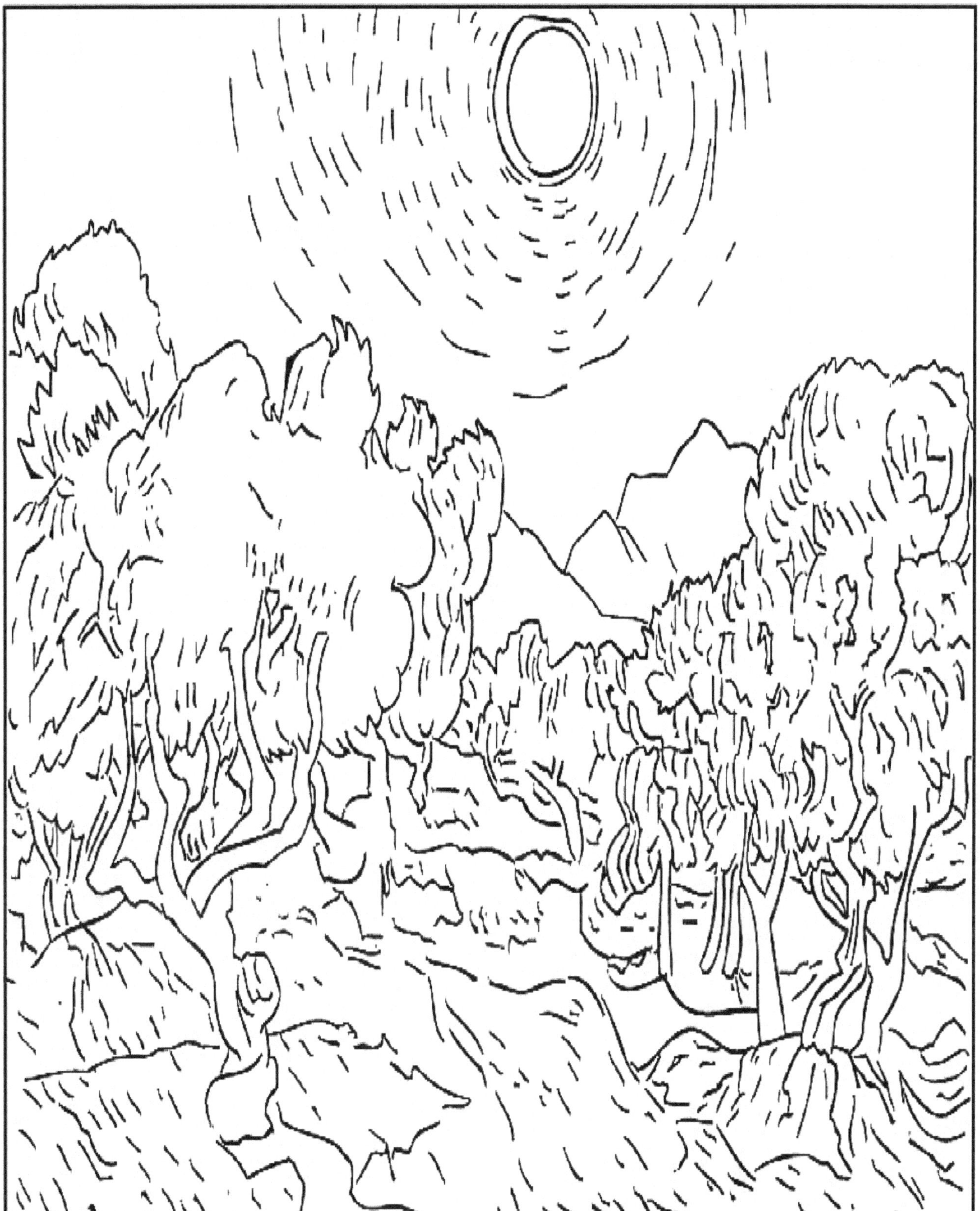

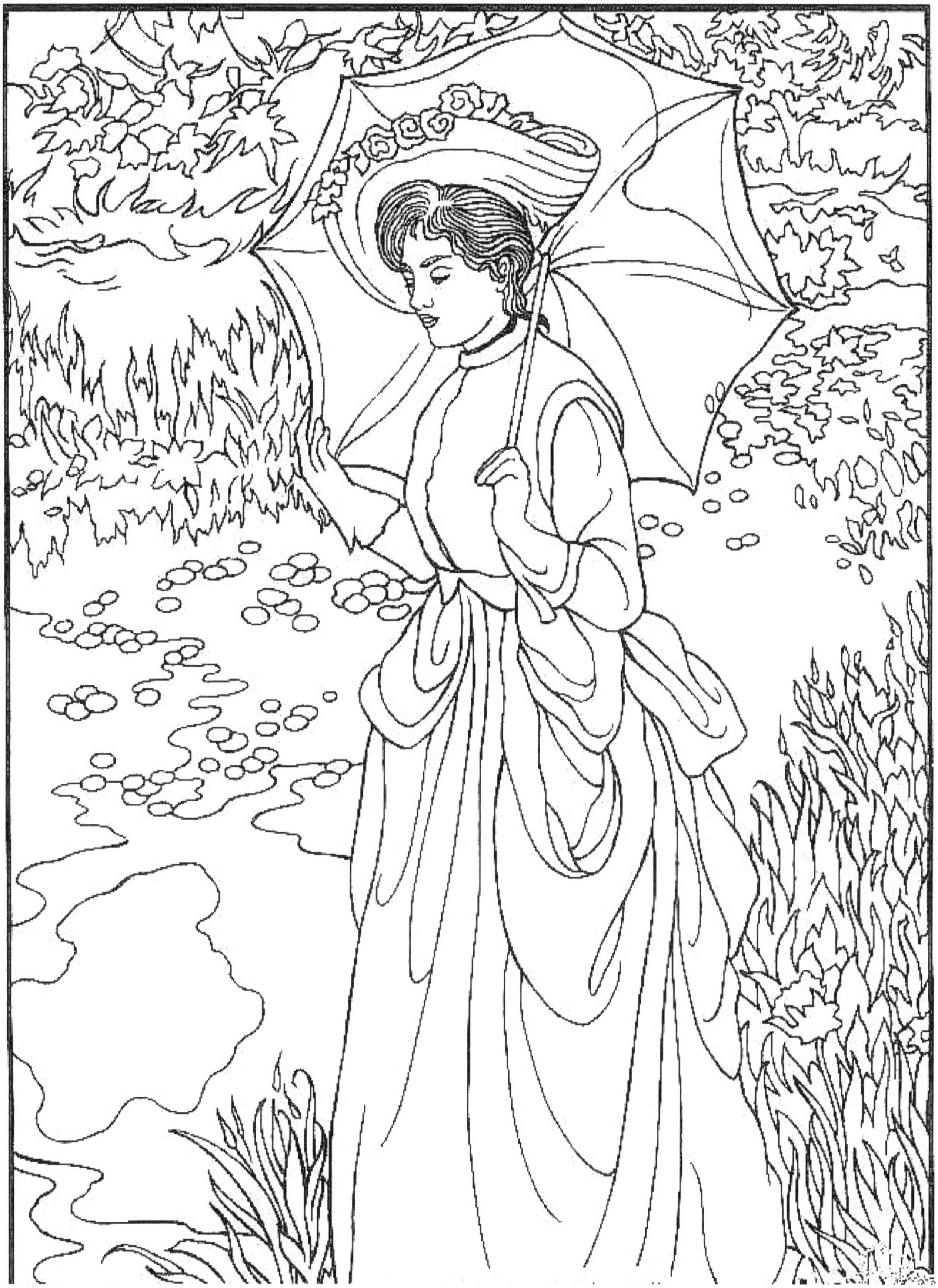

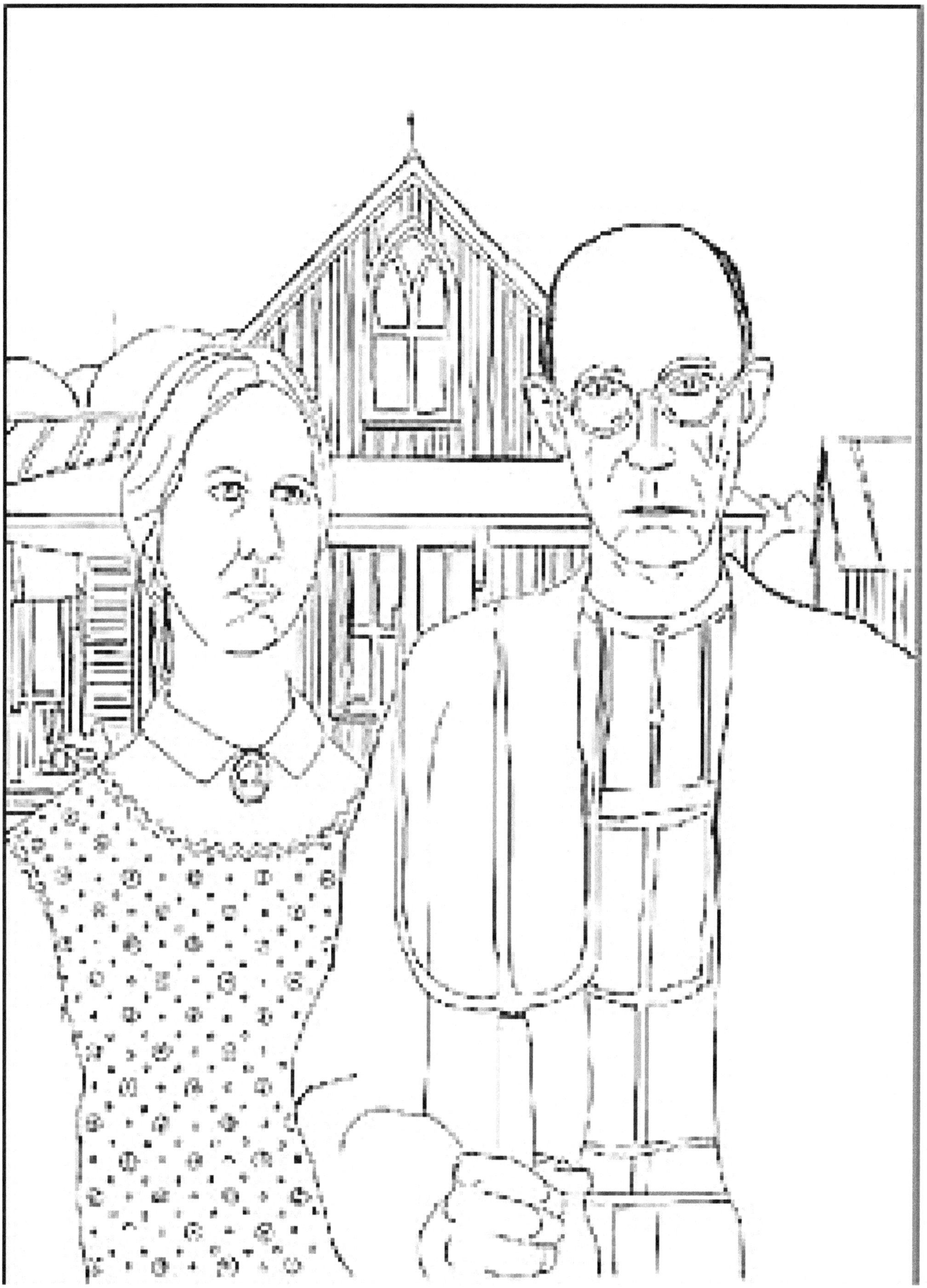

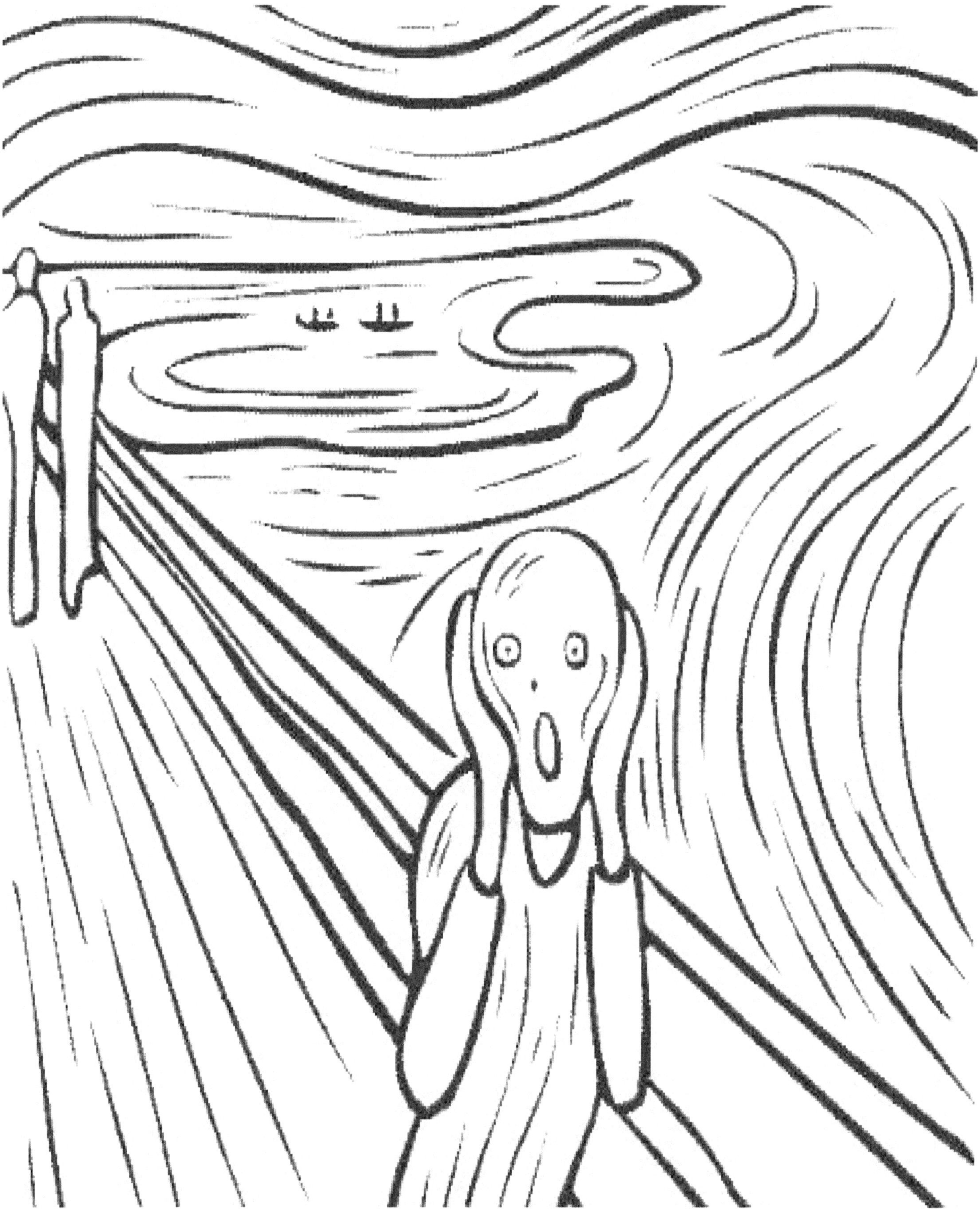

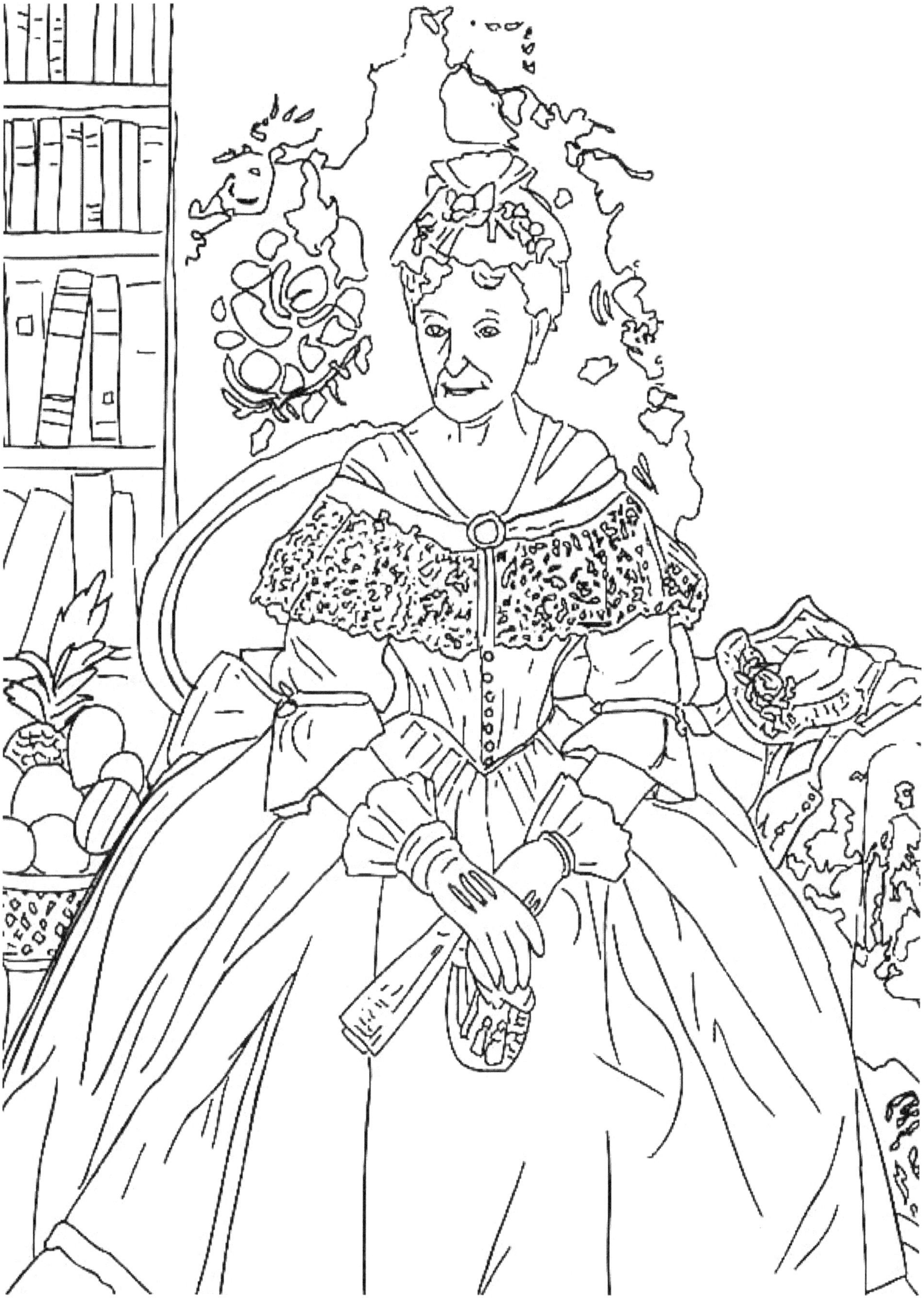

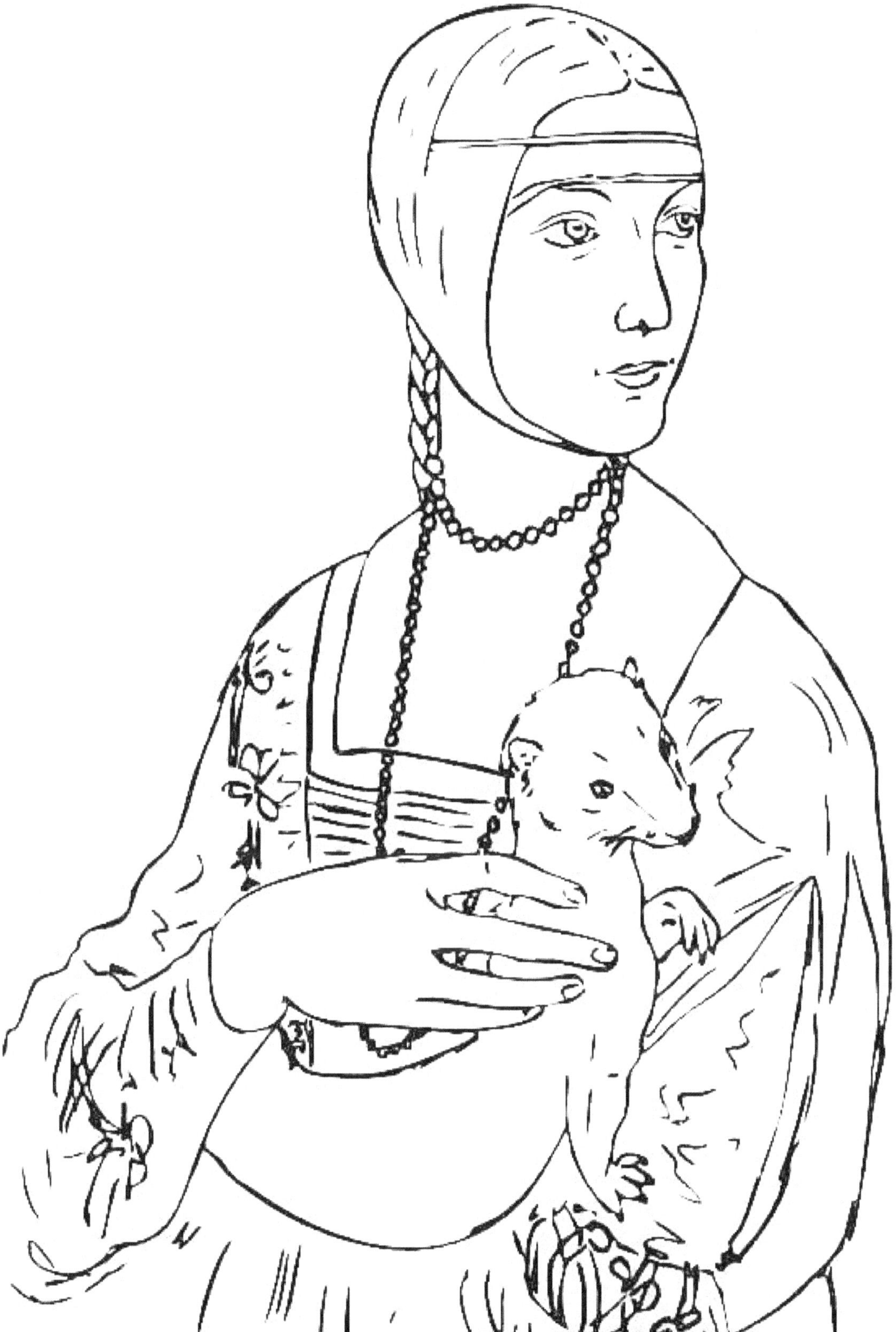

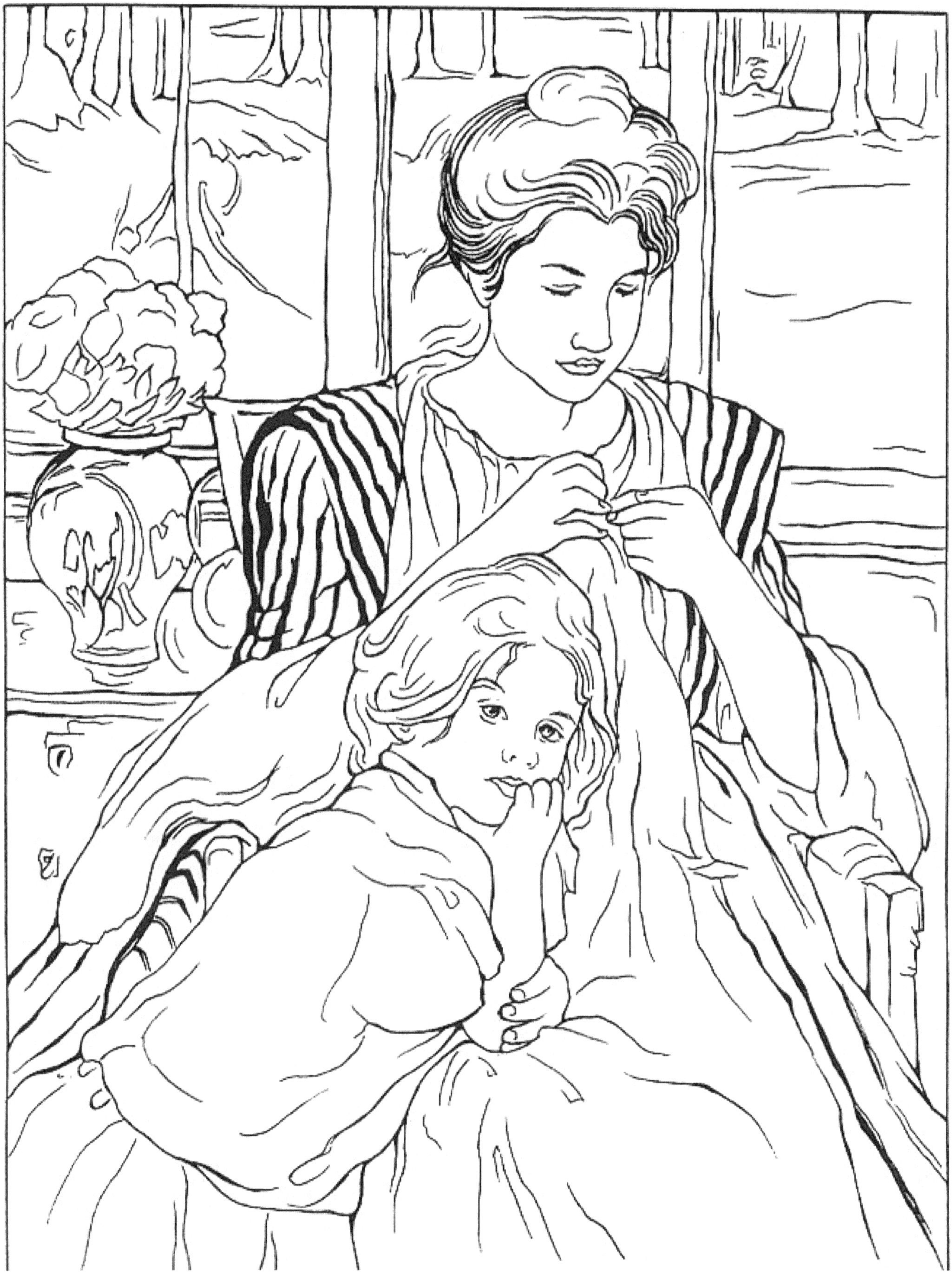

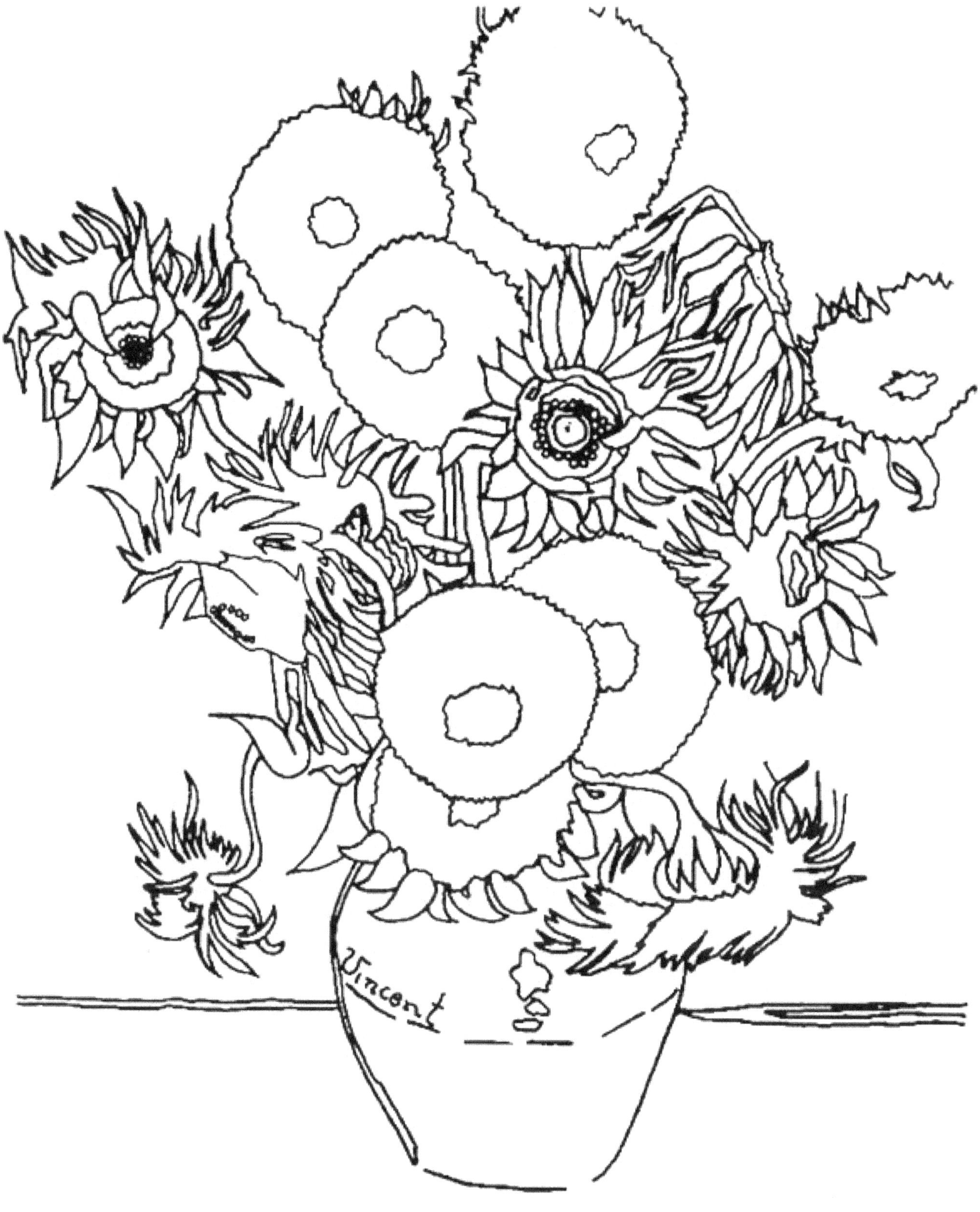
Vincent

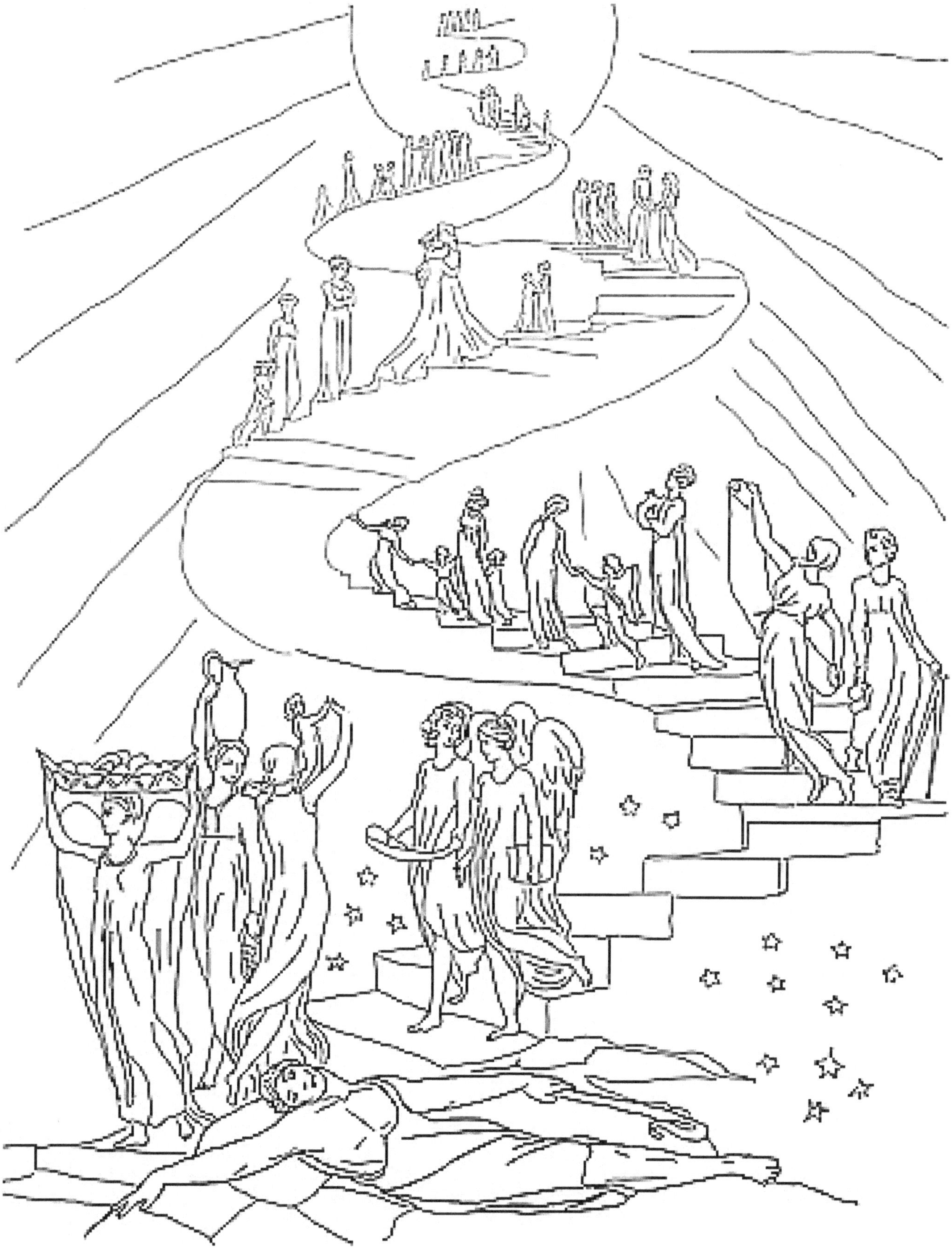

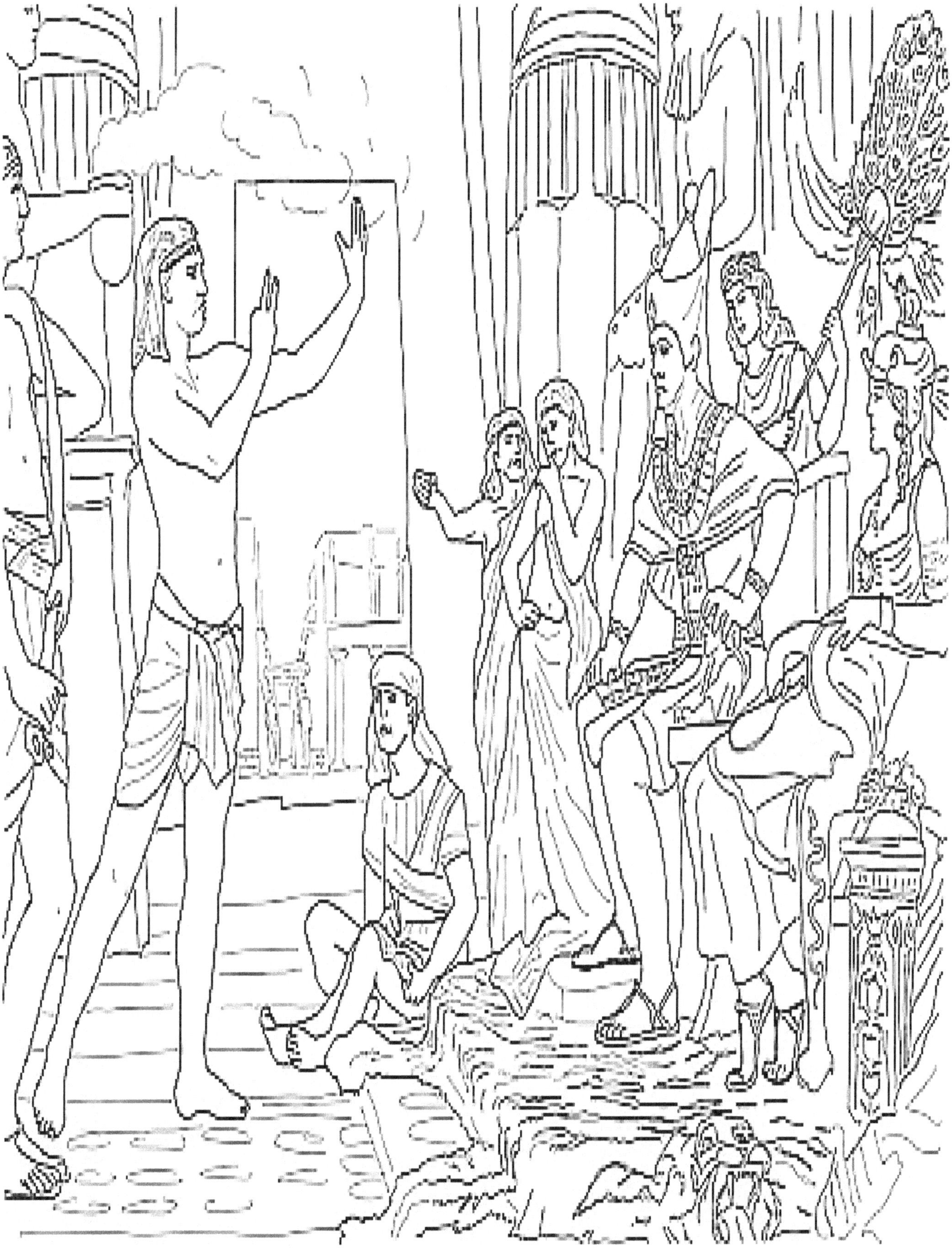

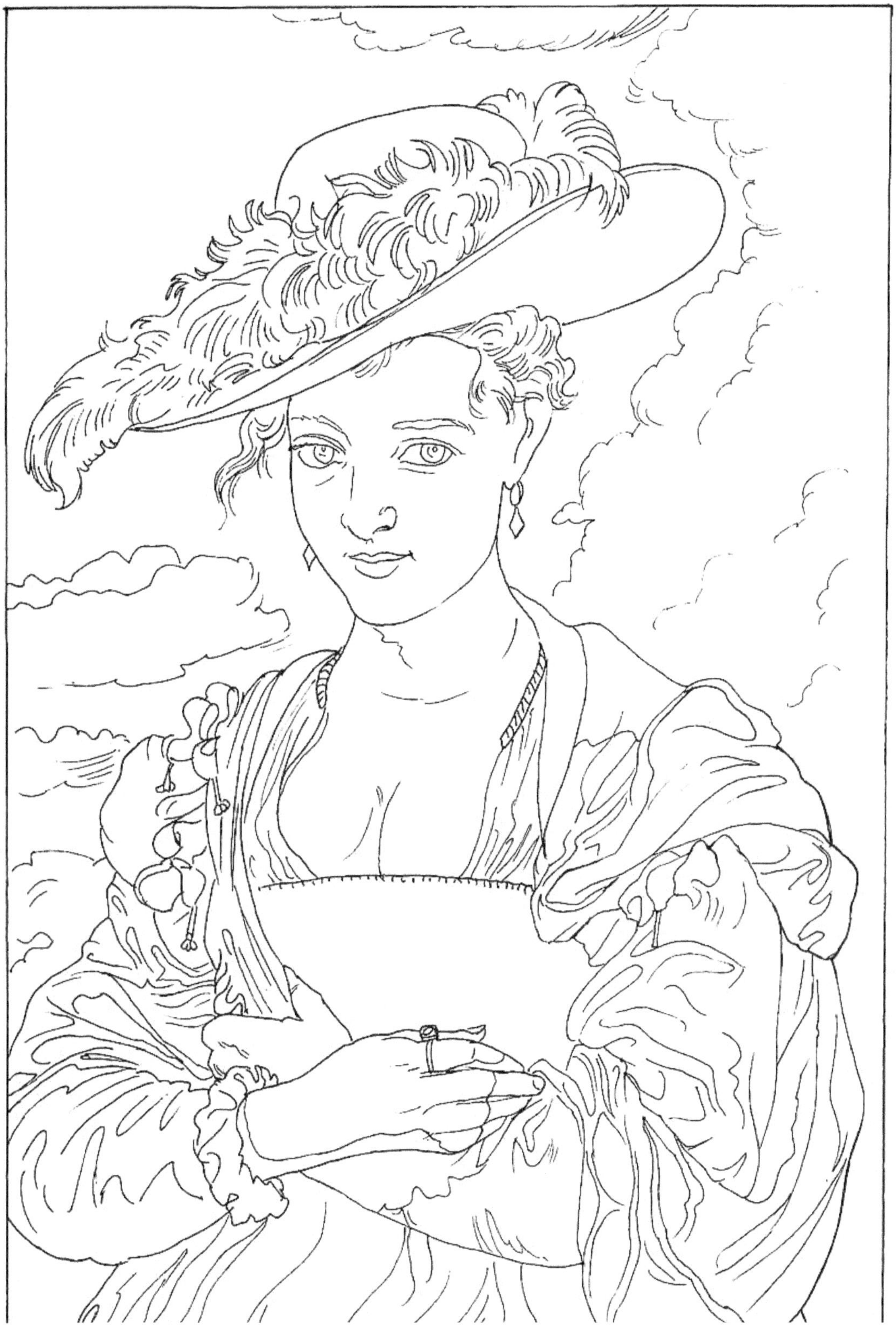

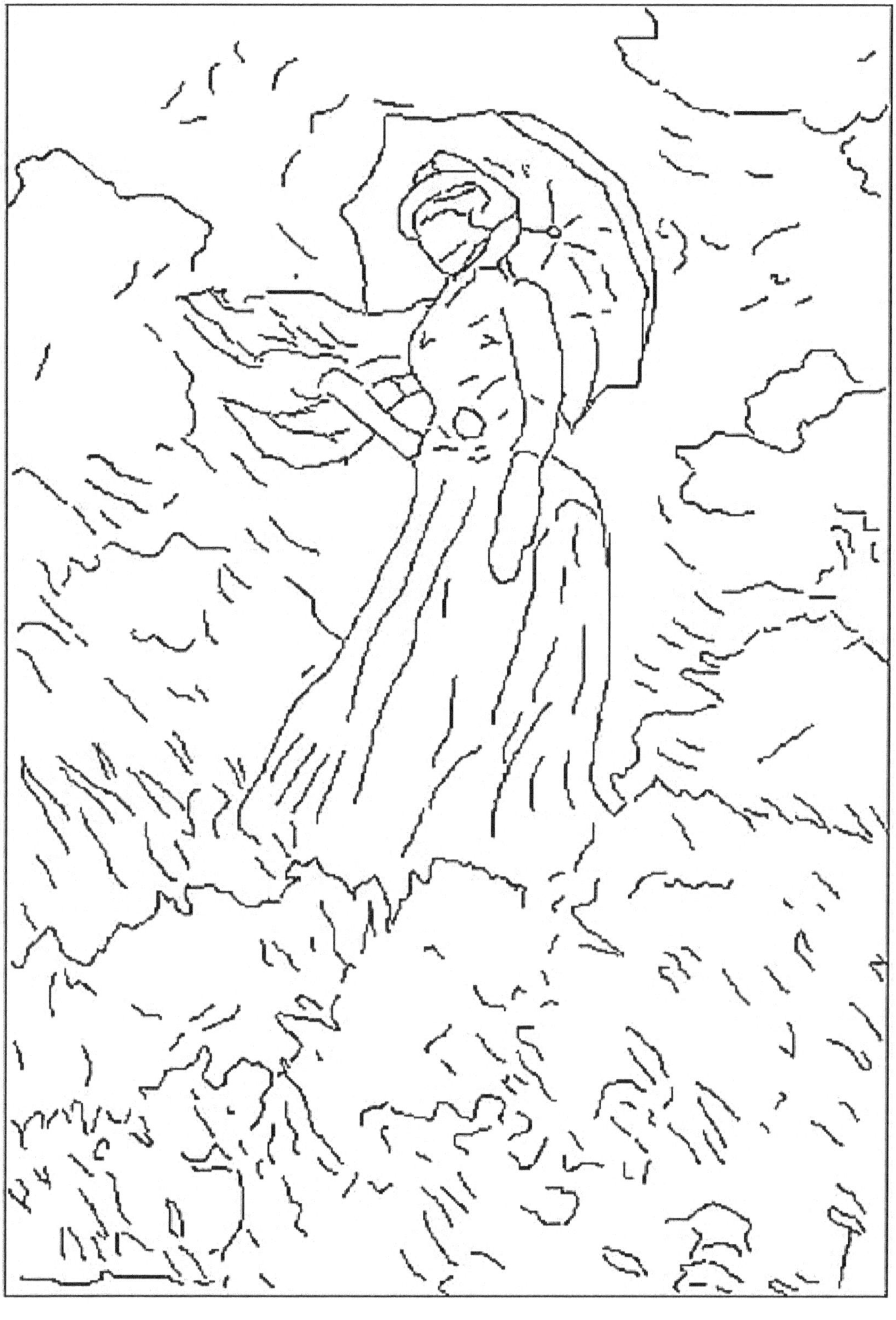

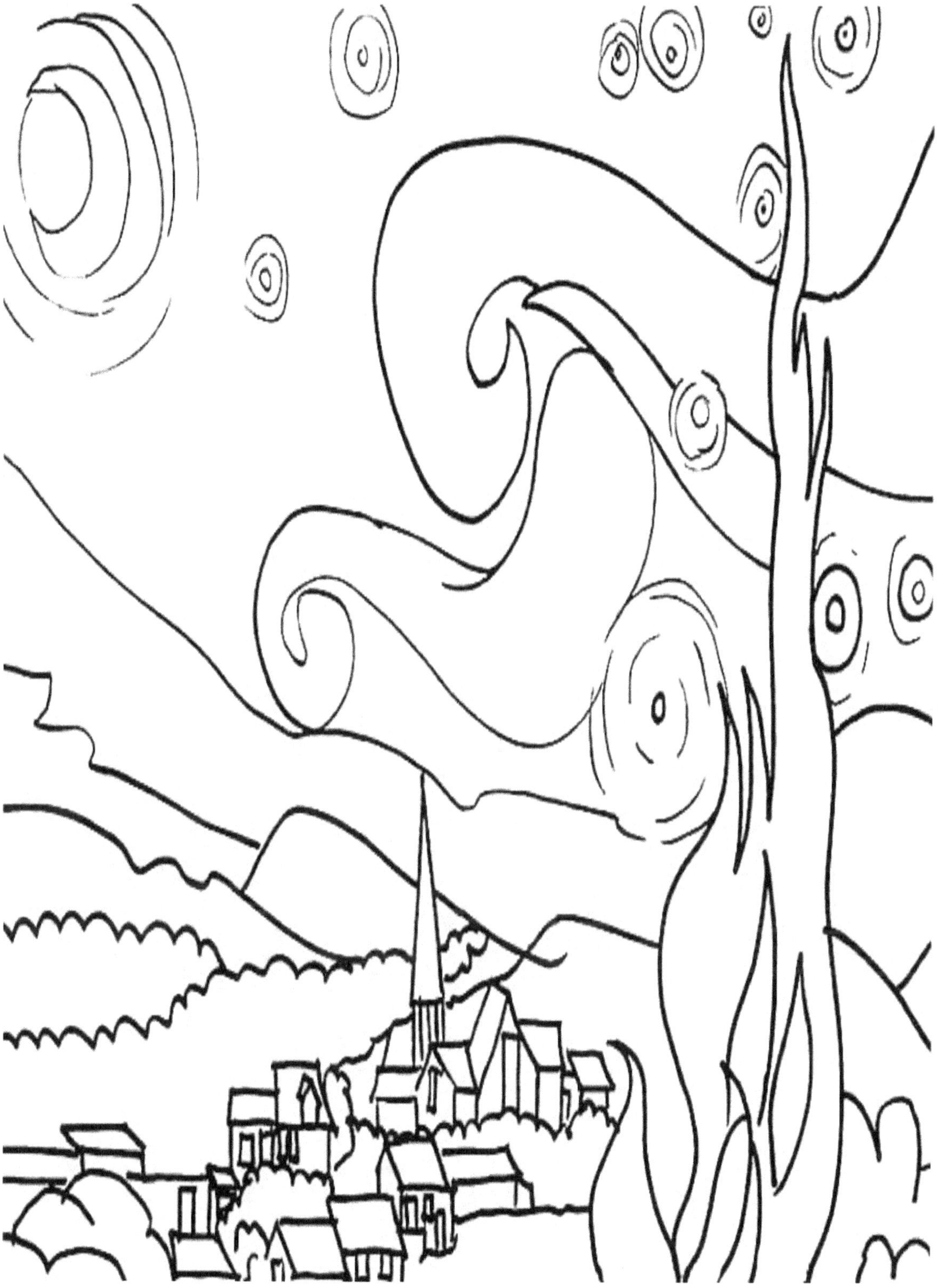

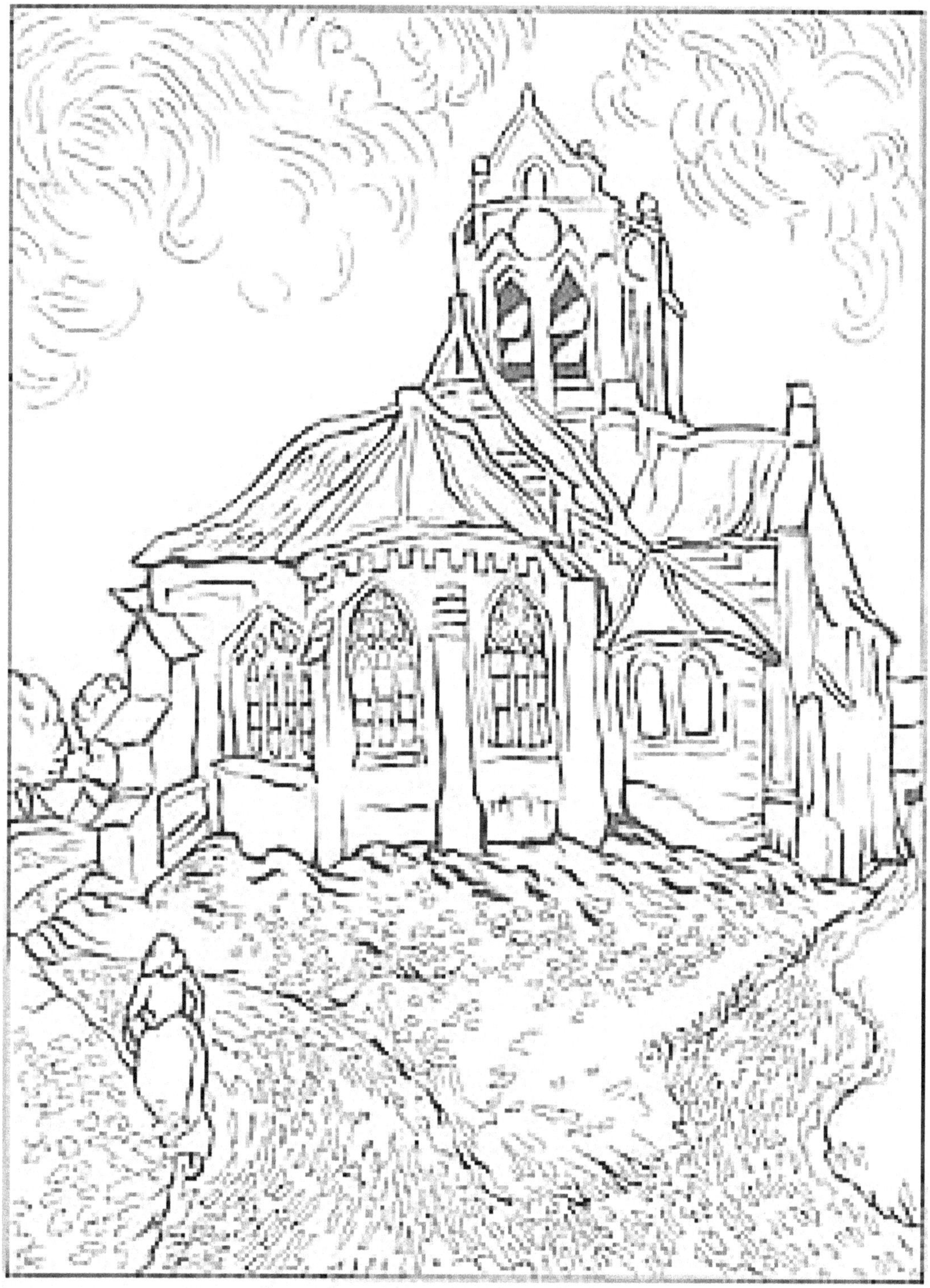

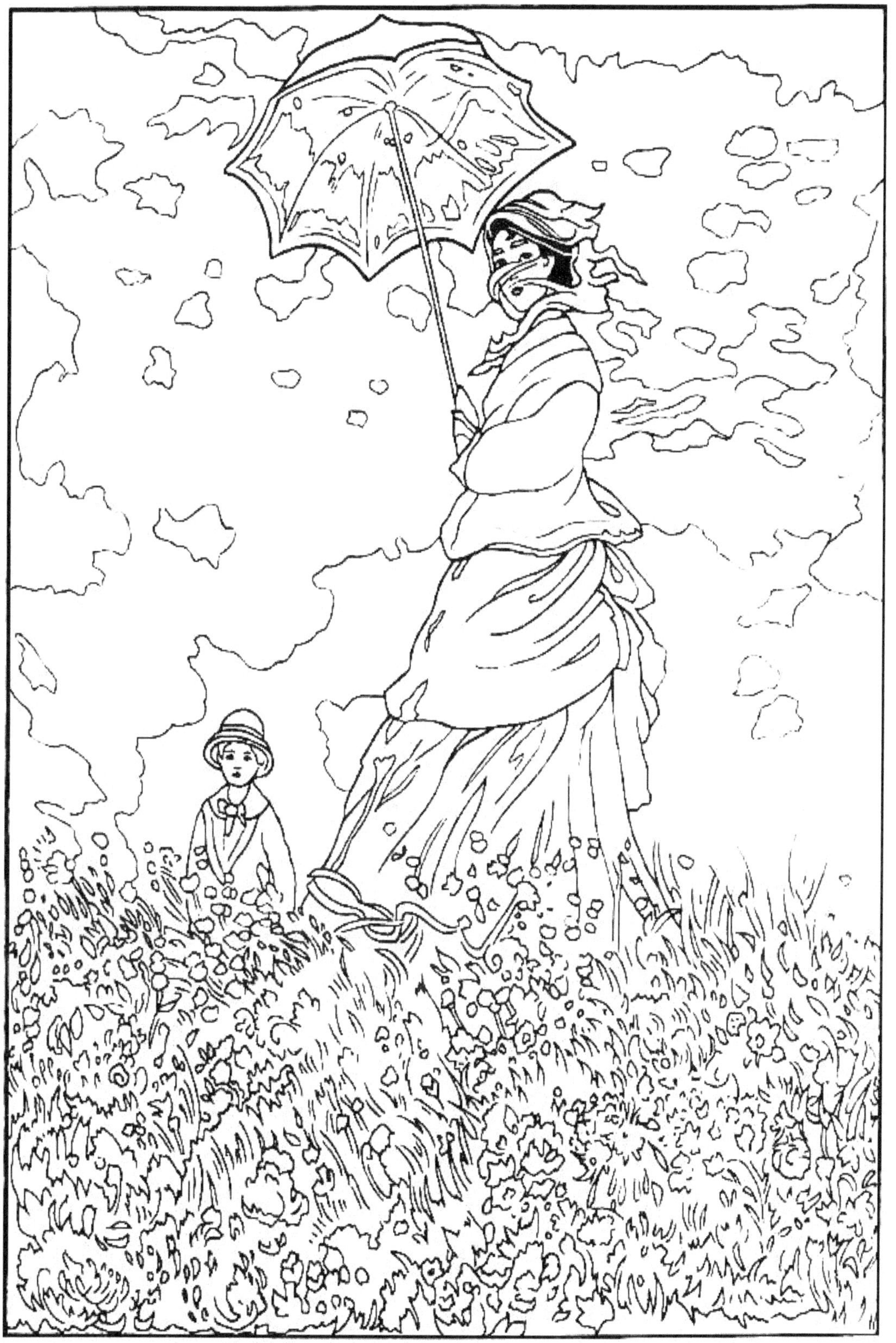

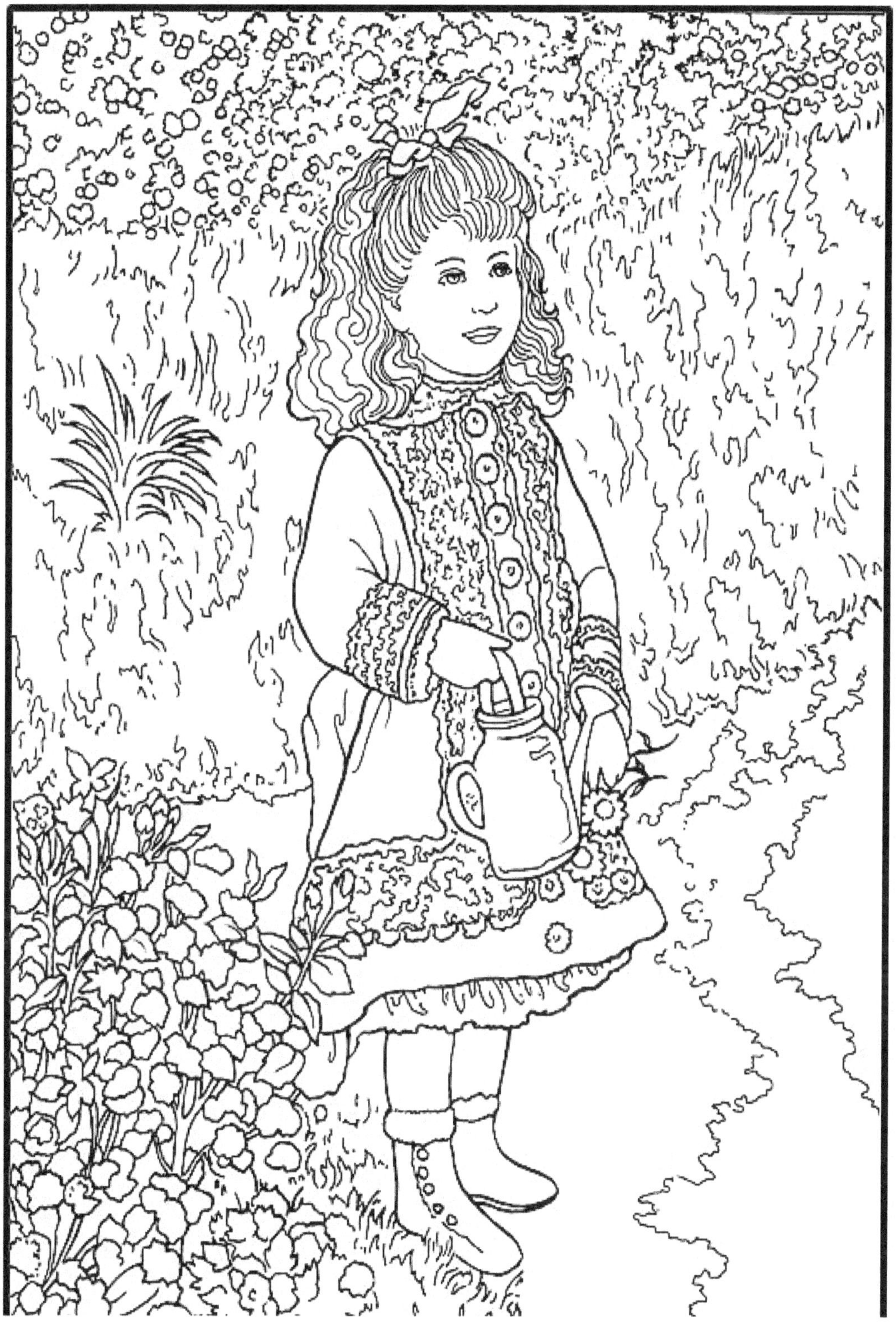

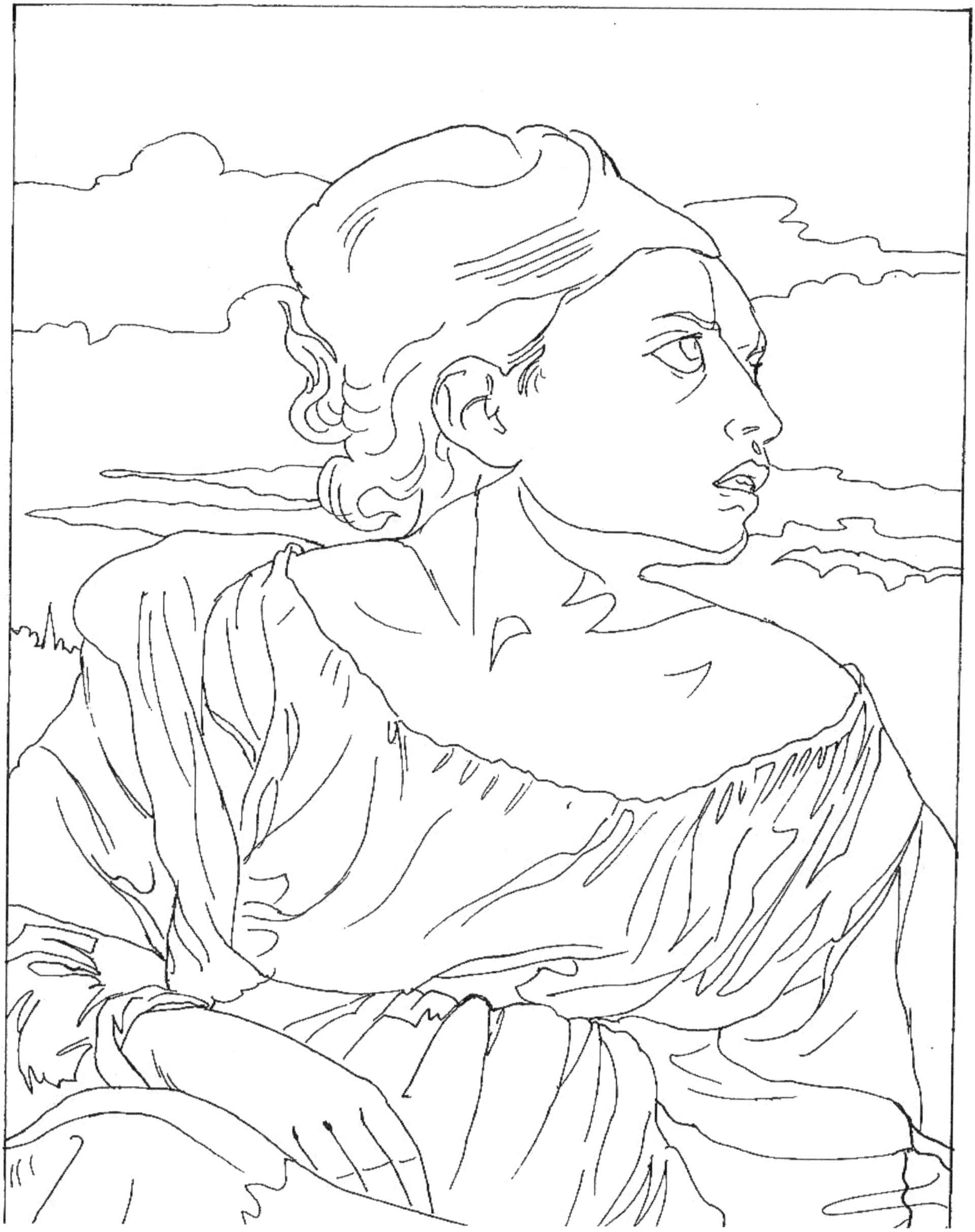

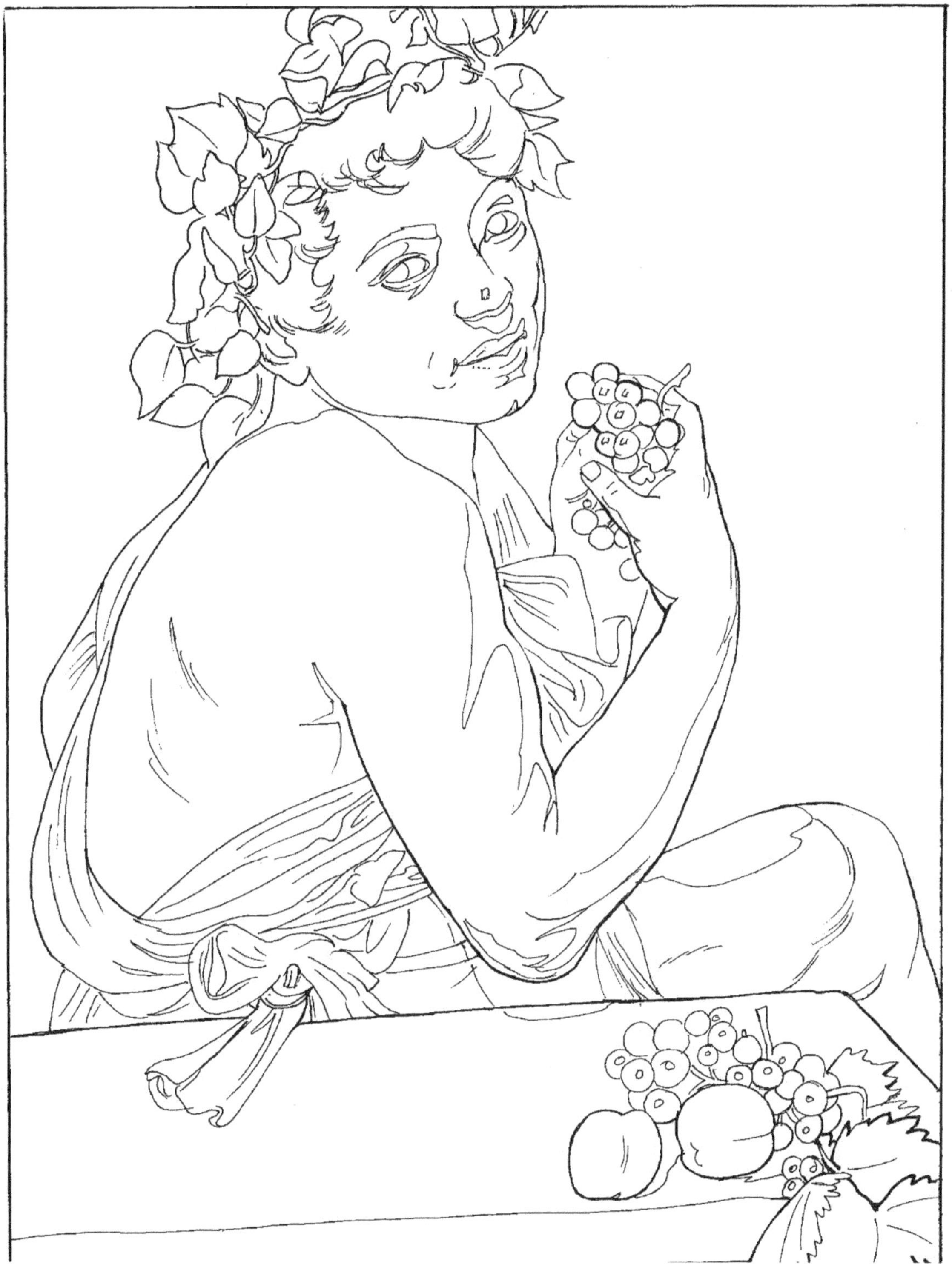

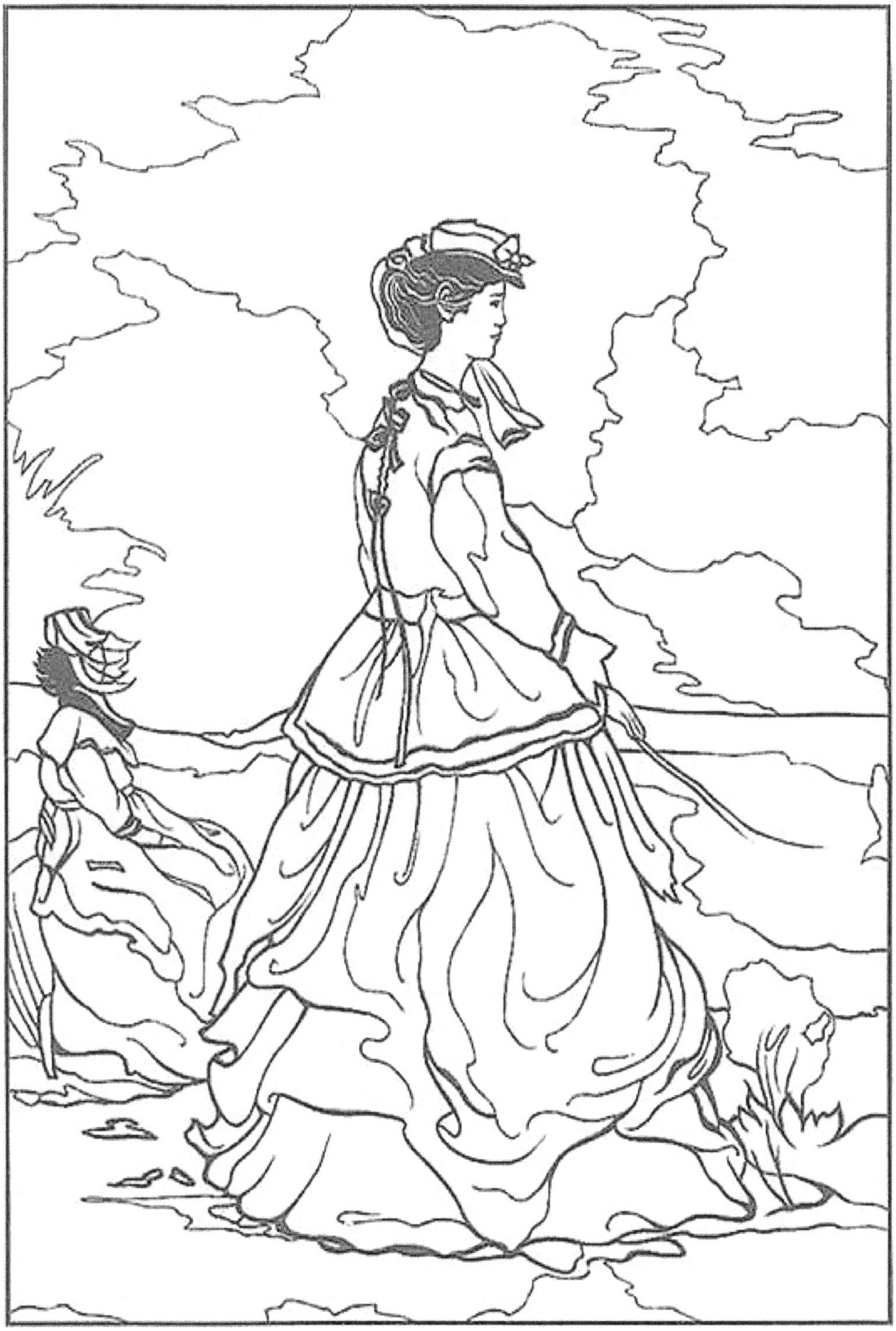

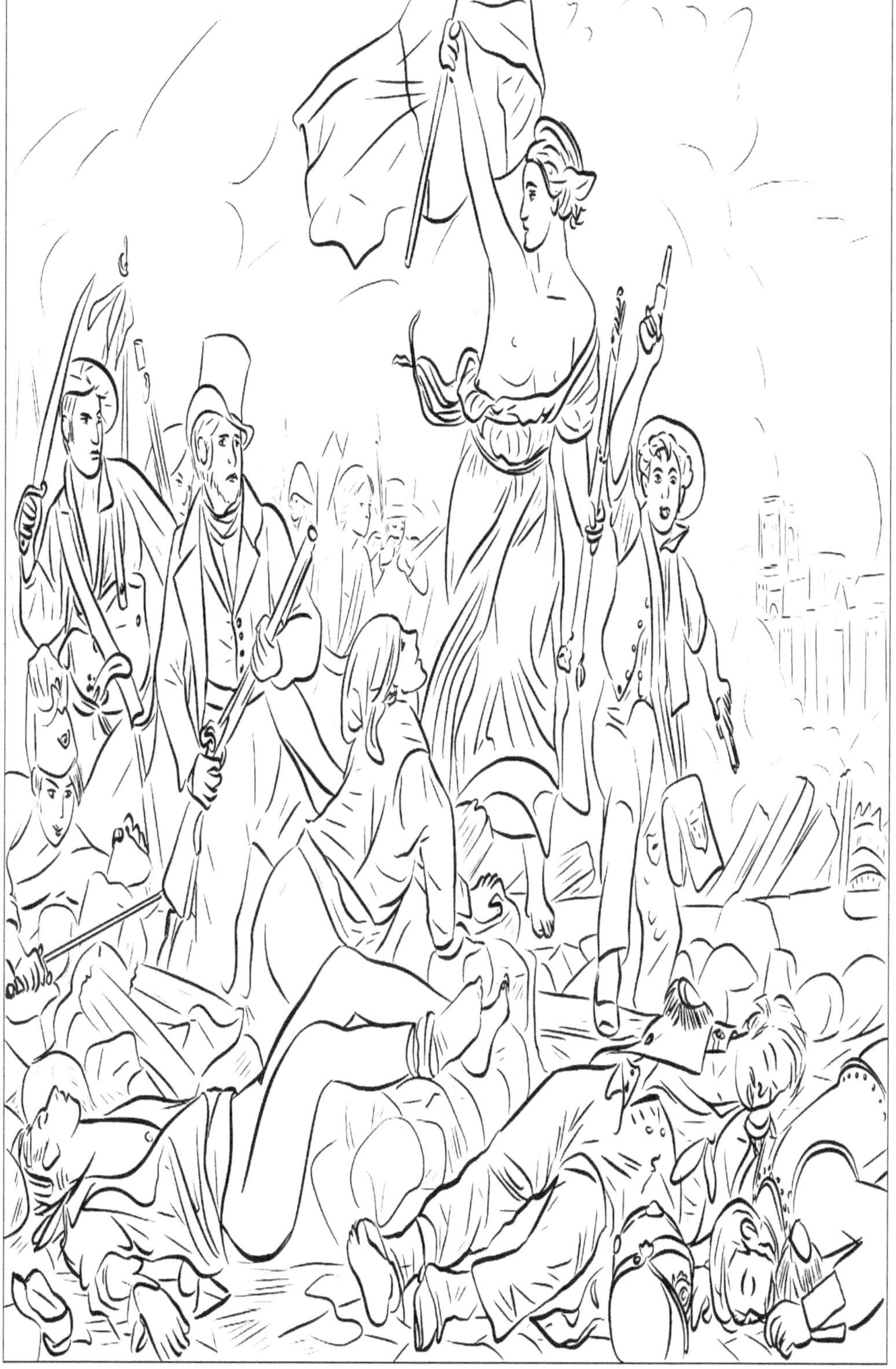

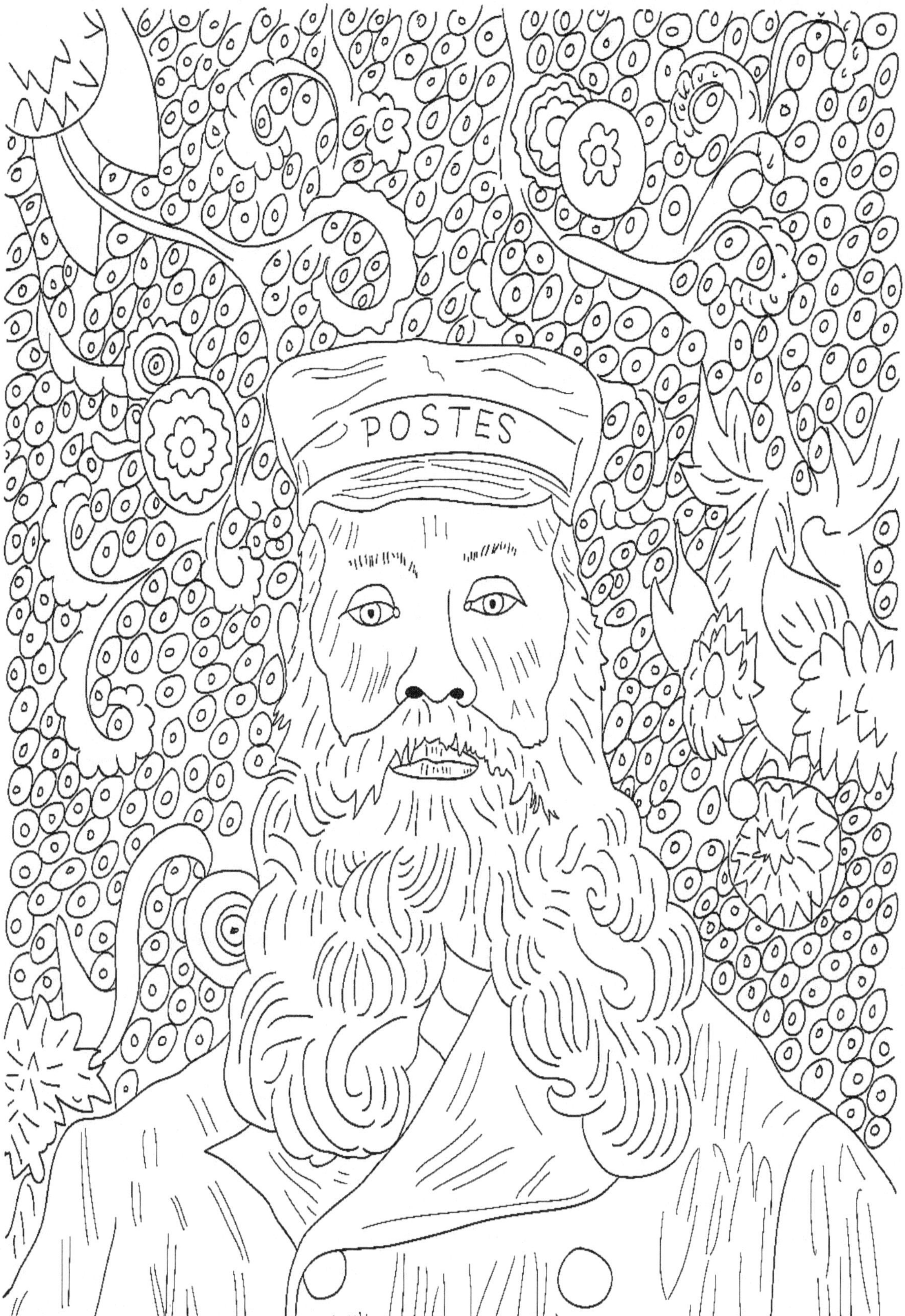
POSTES

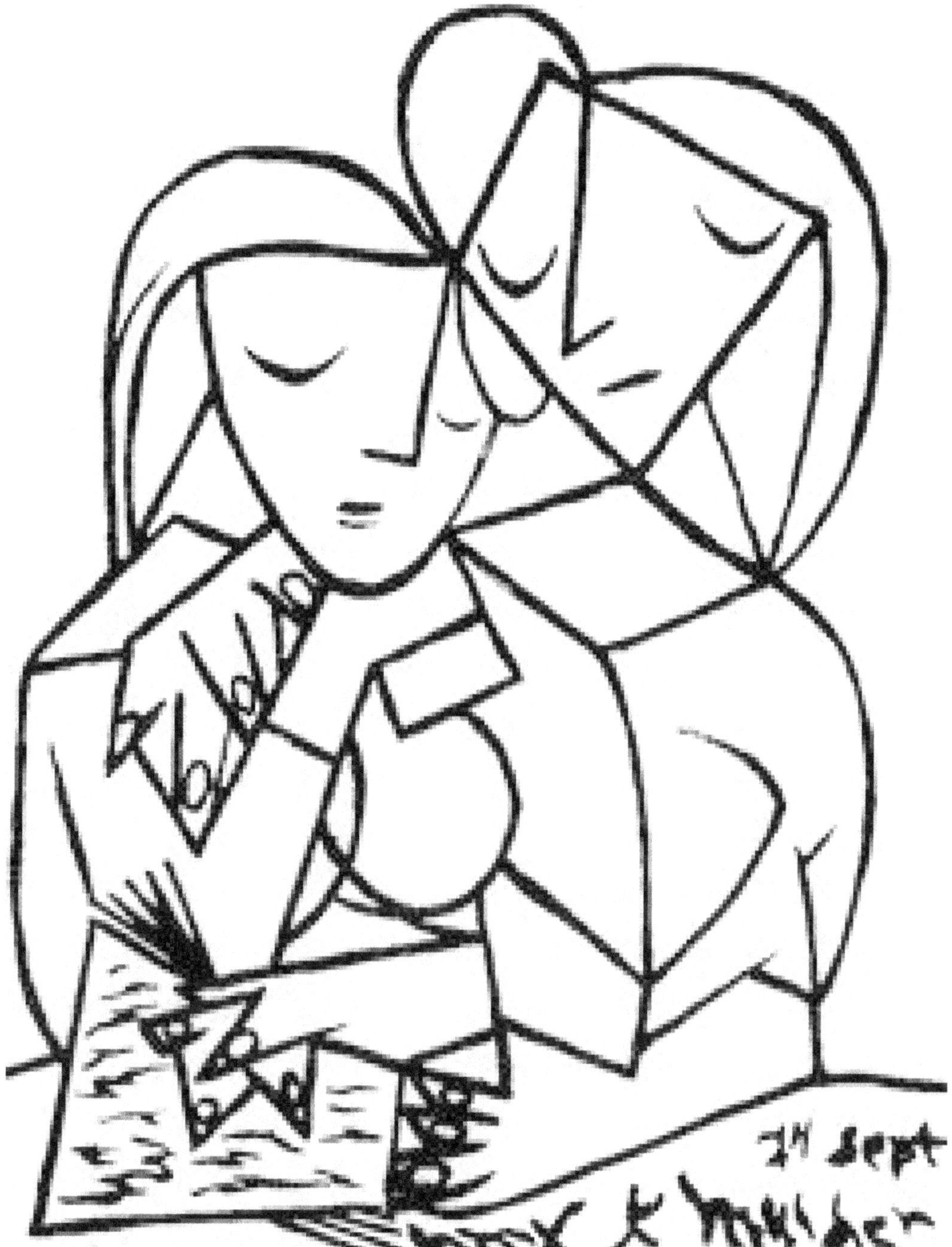
24 Sept

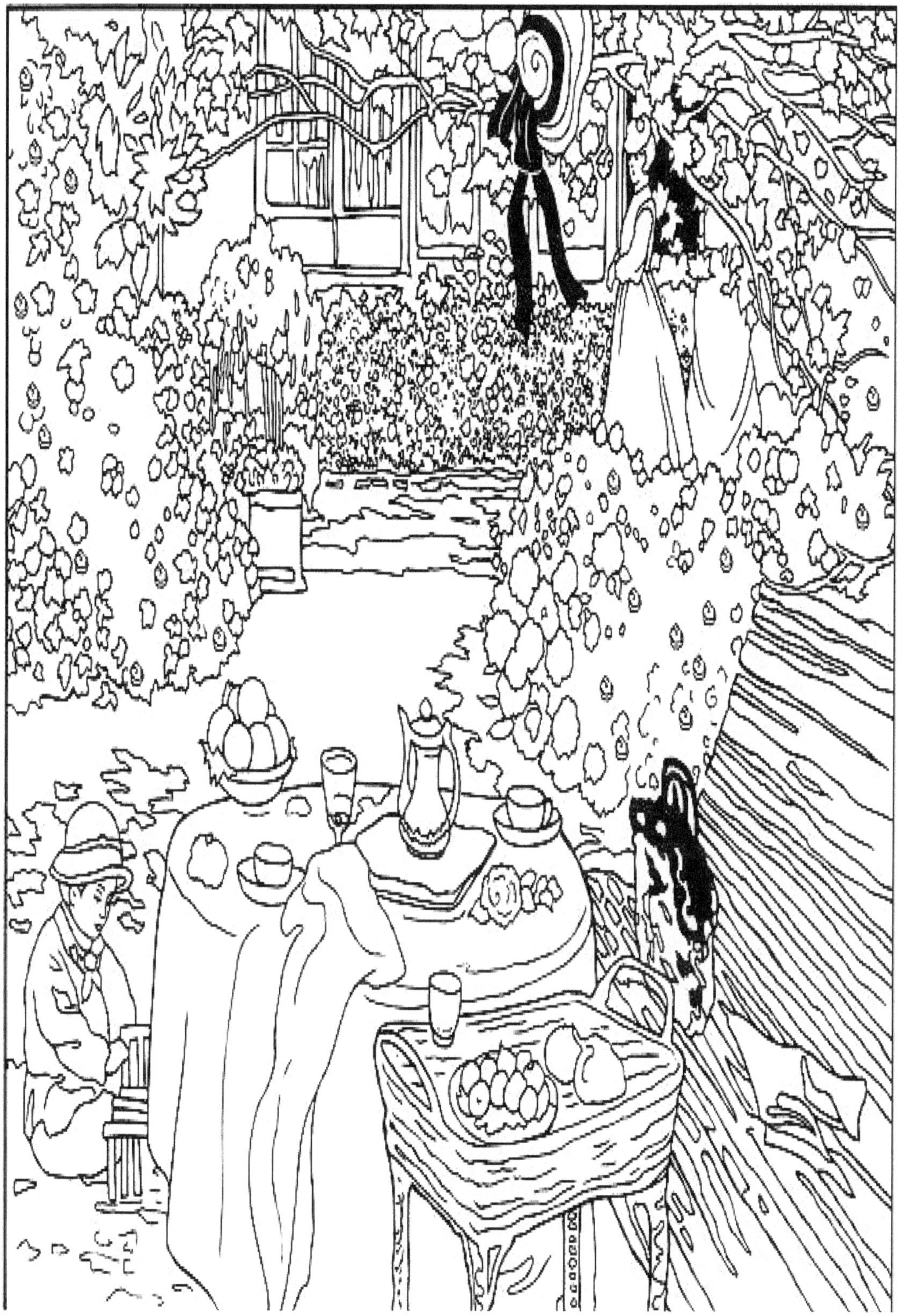

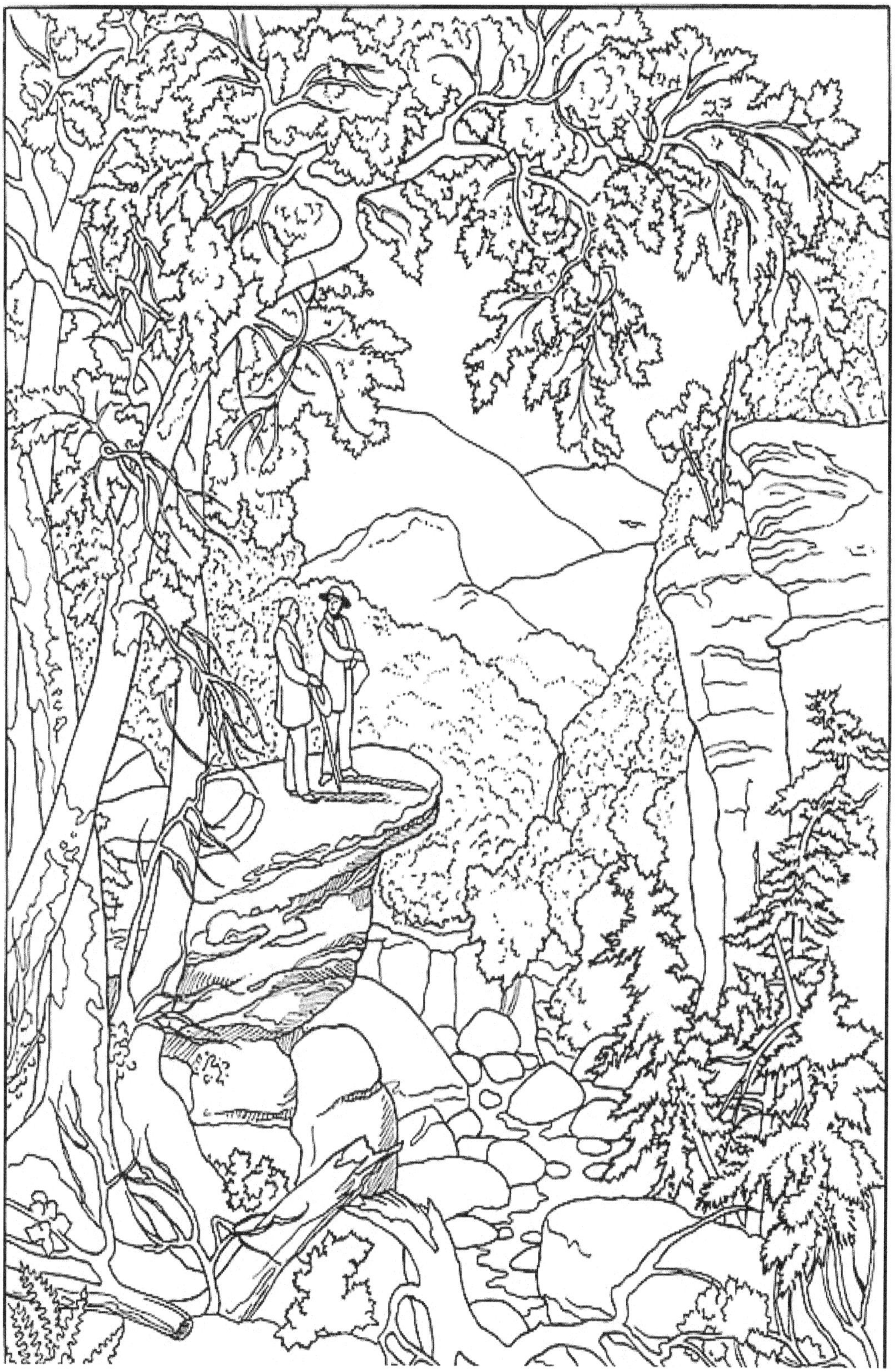

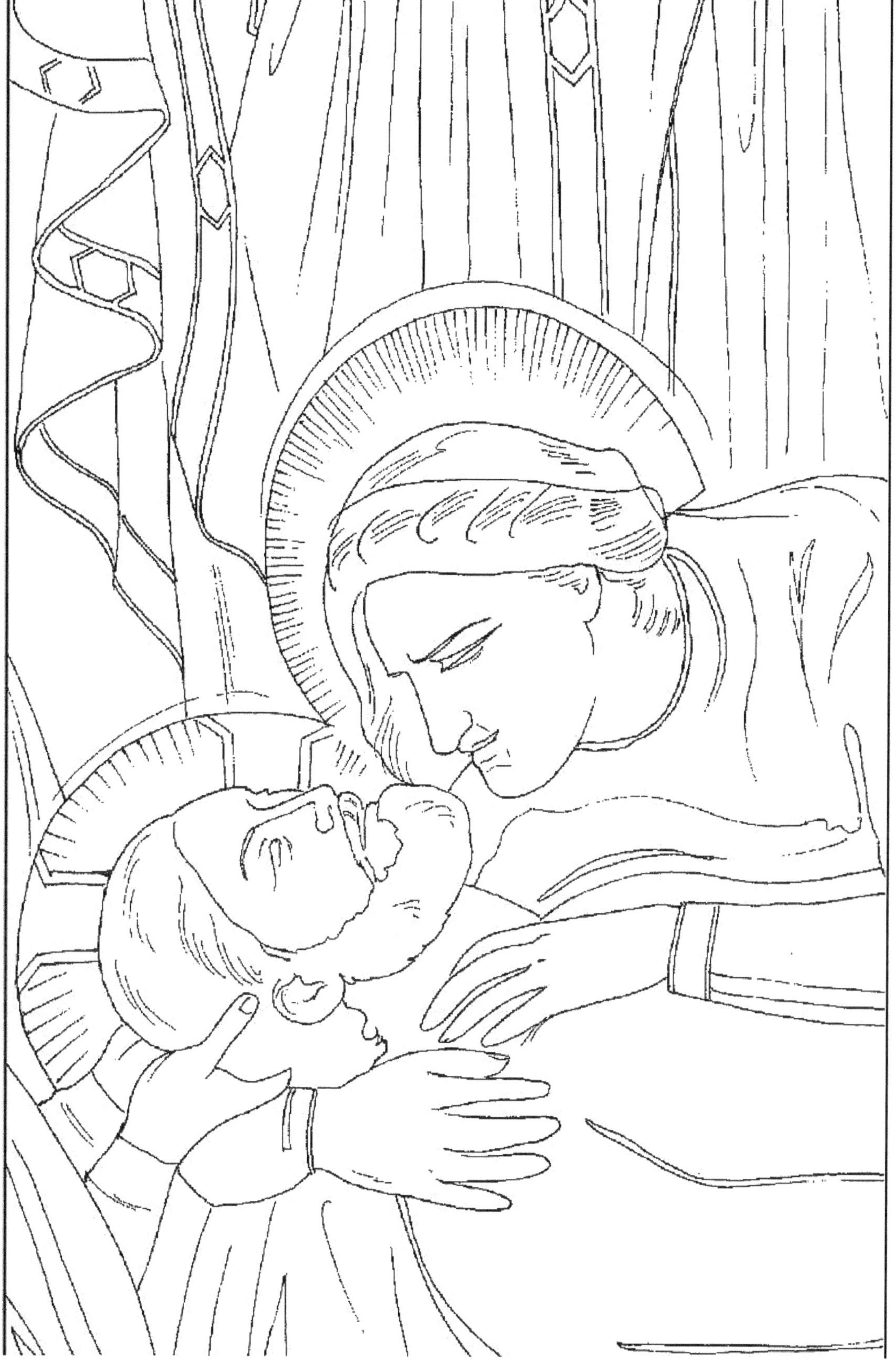

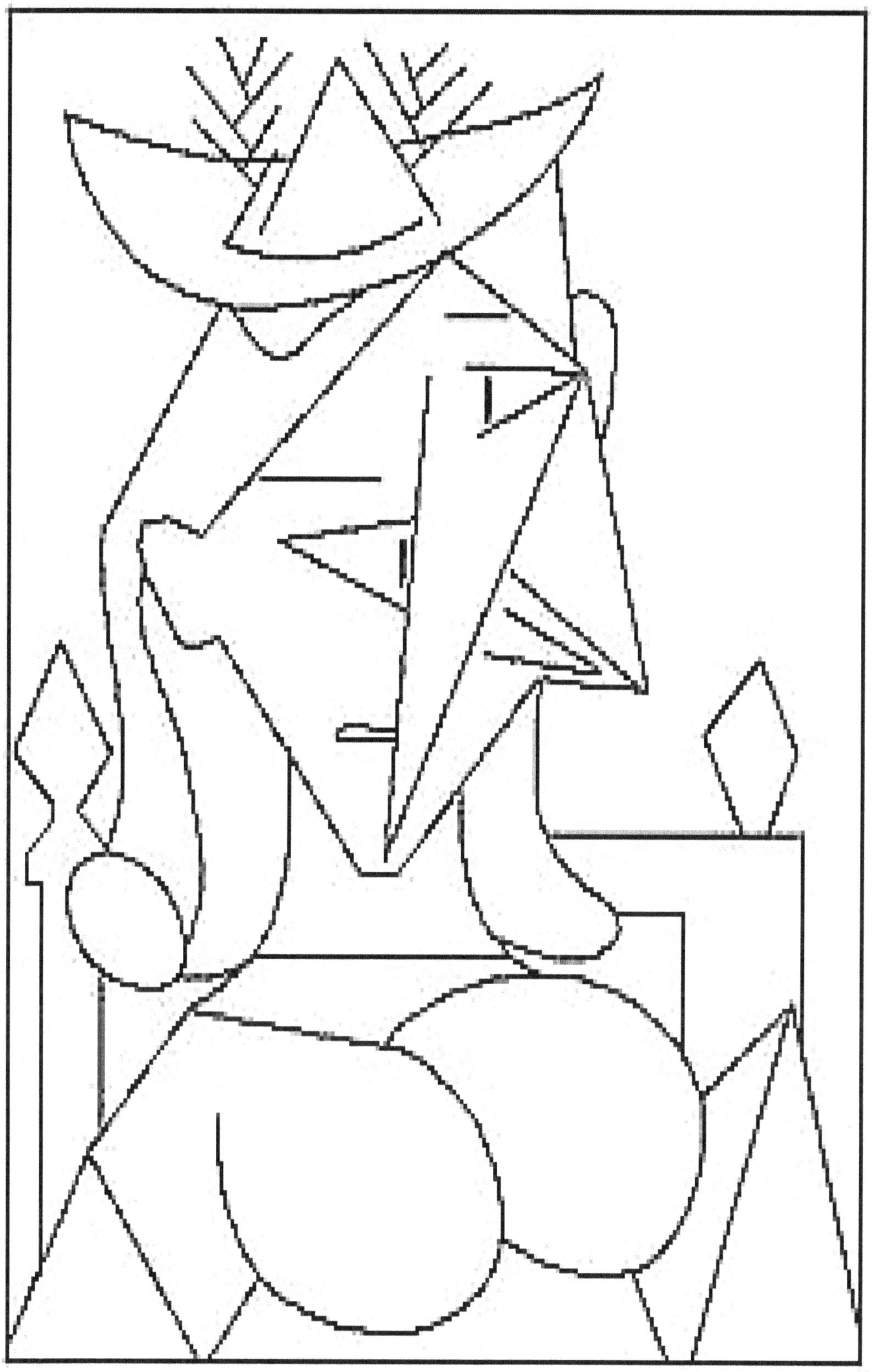

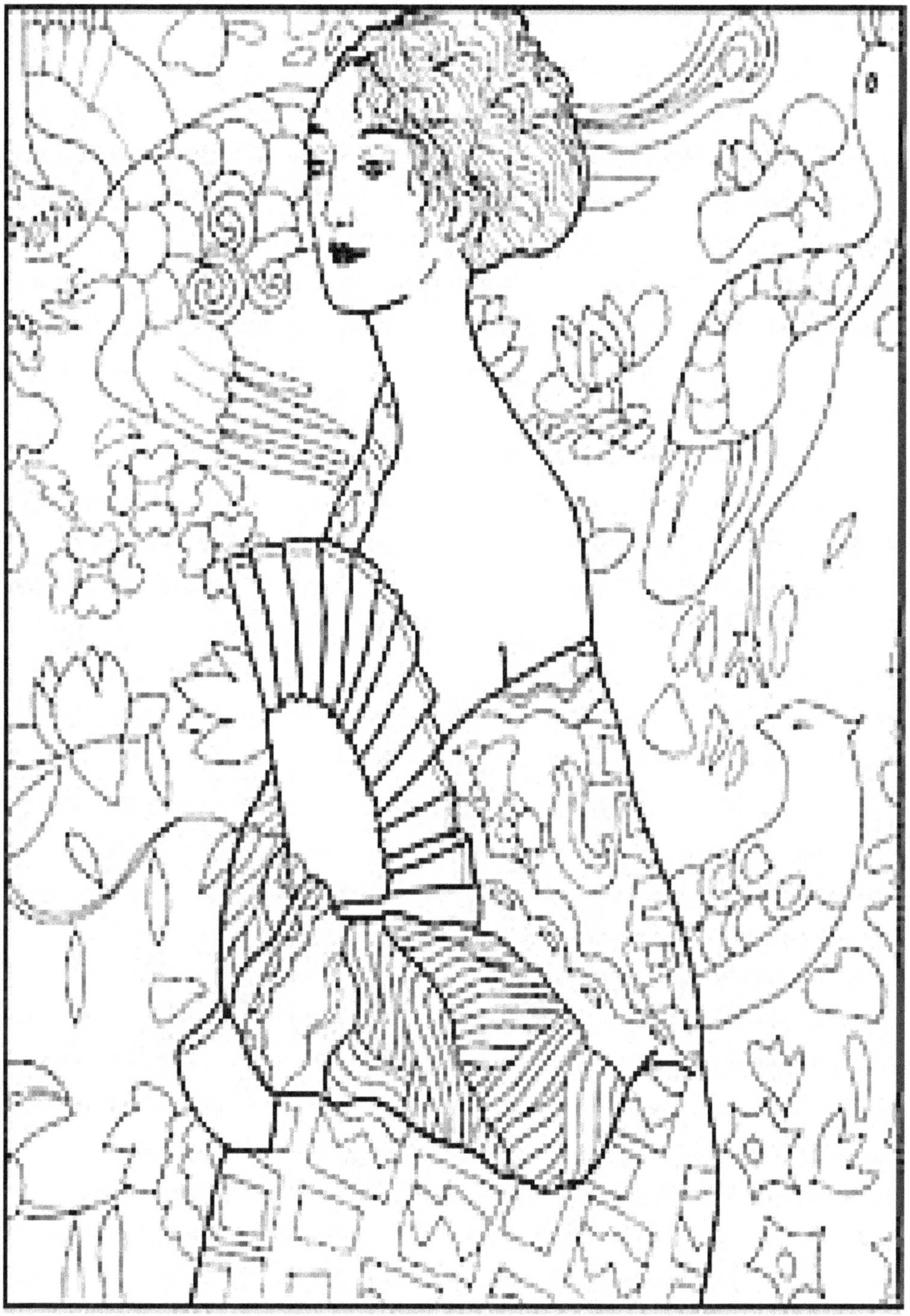

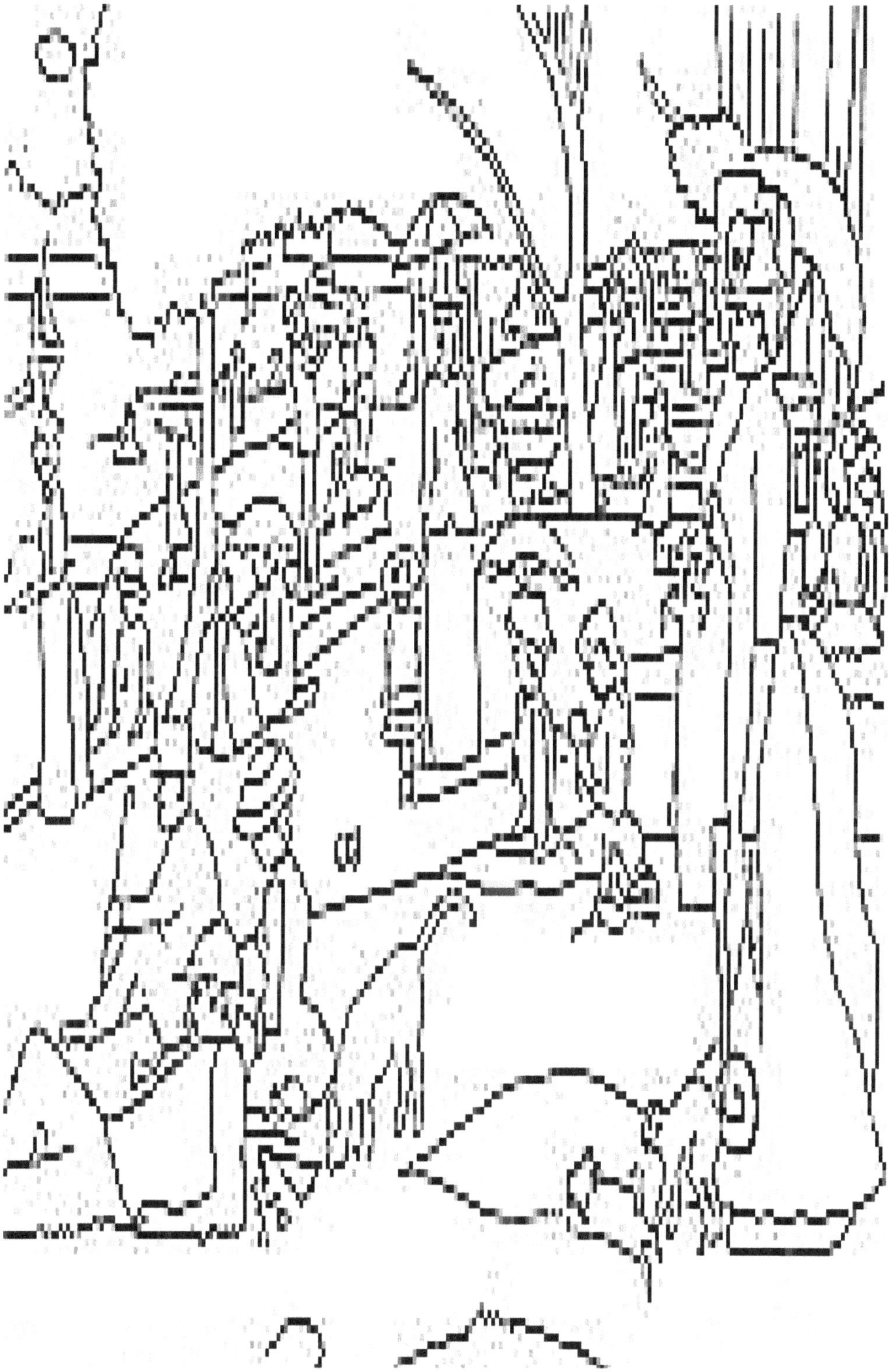

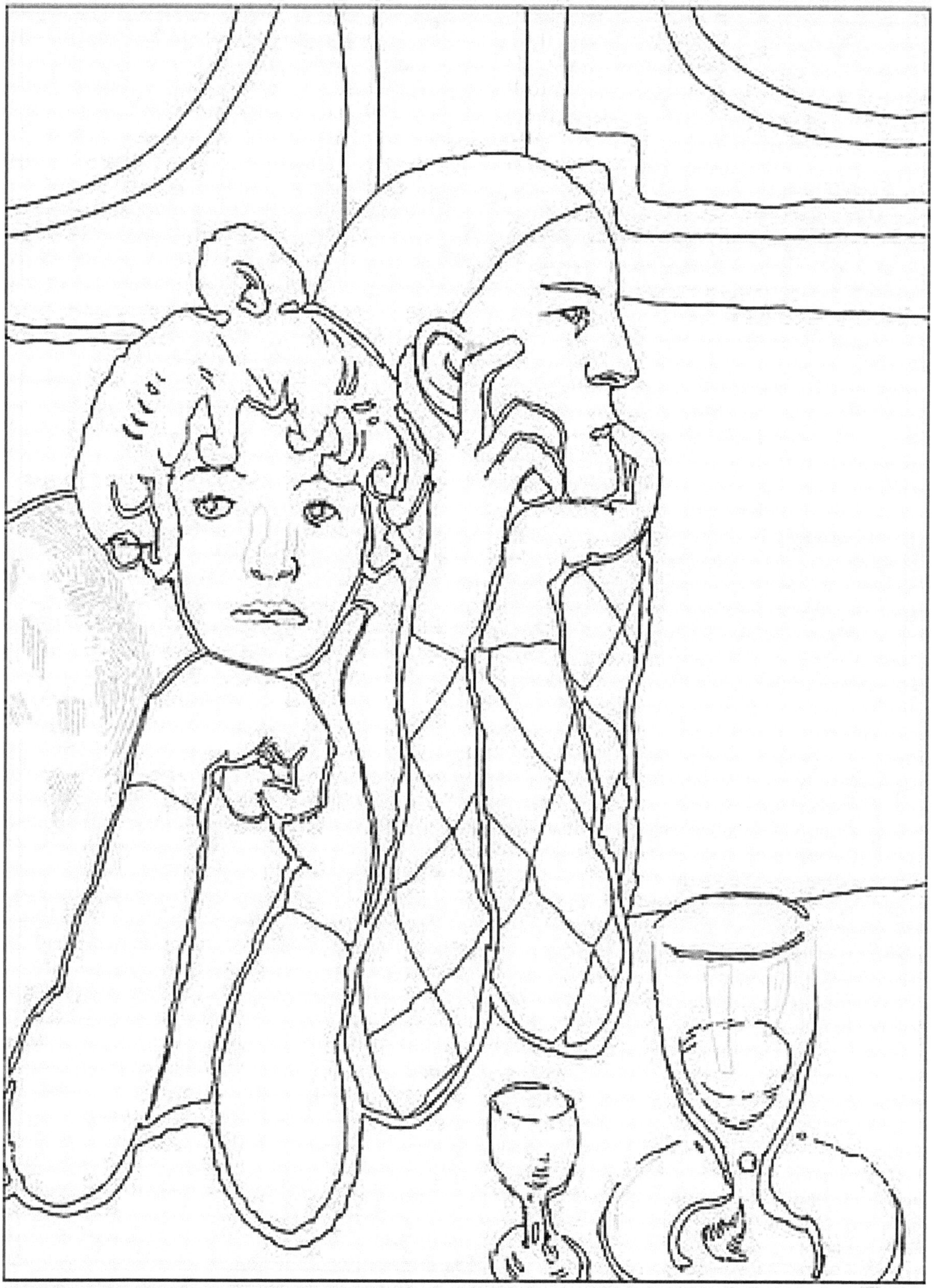

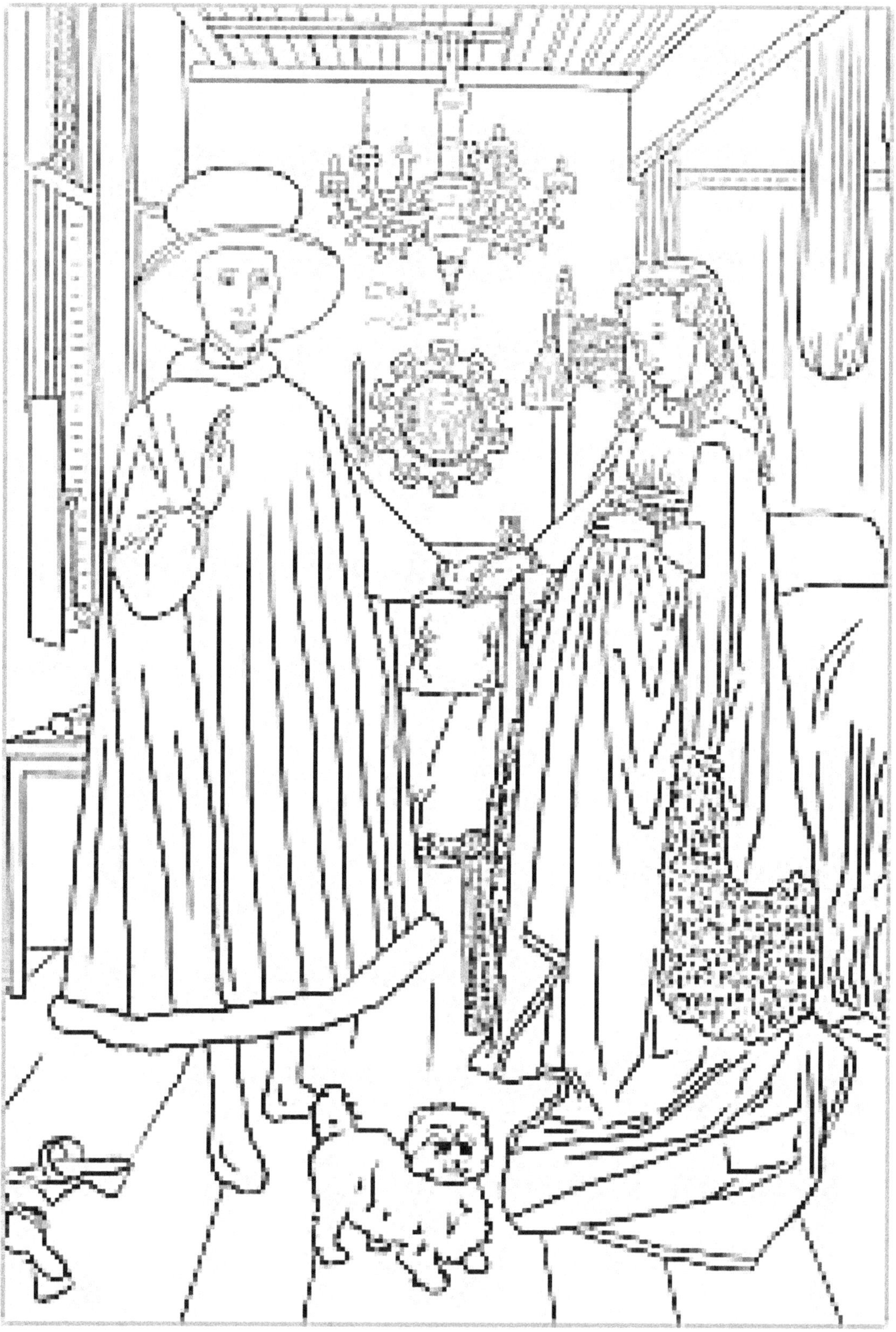

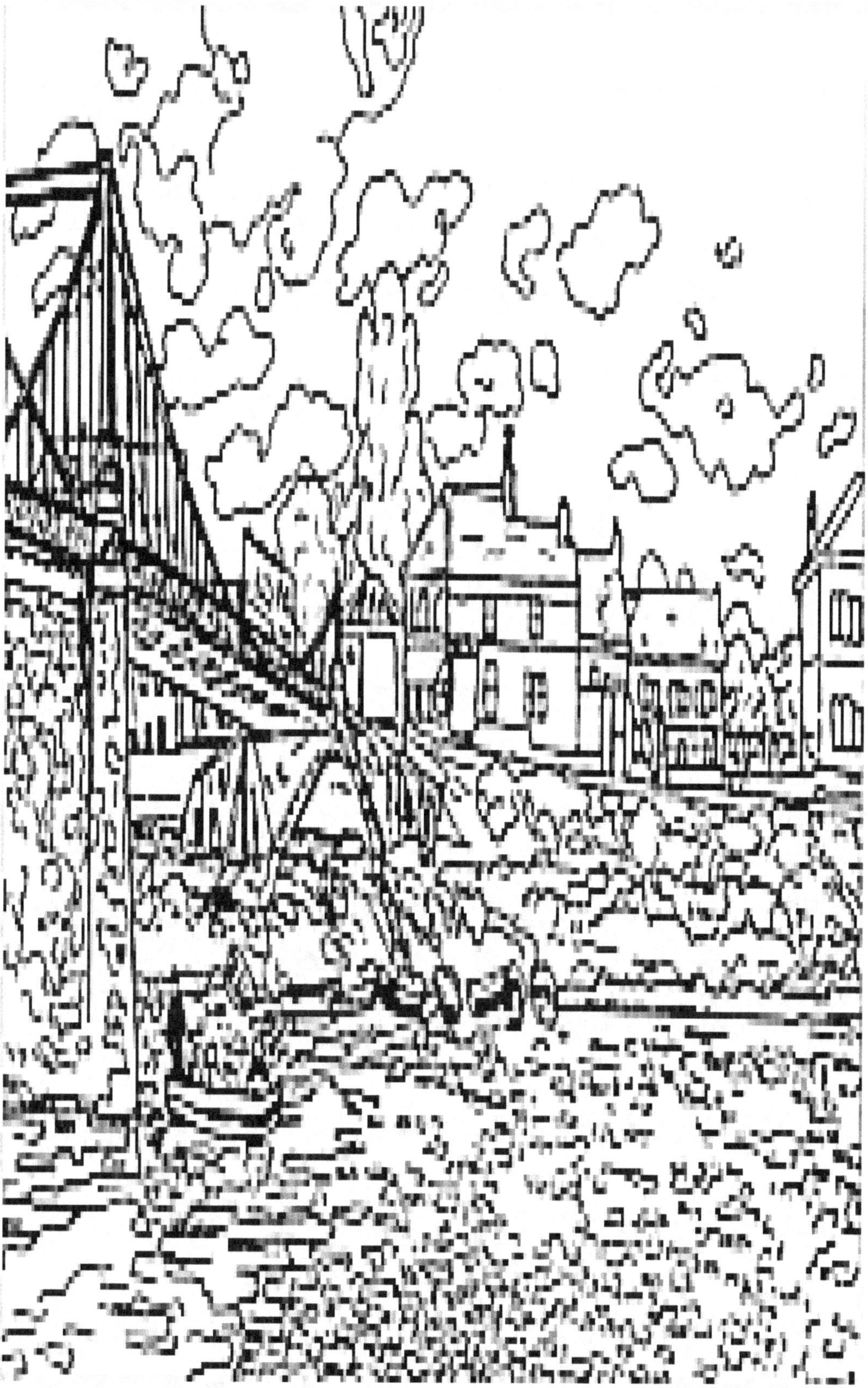

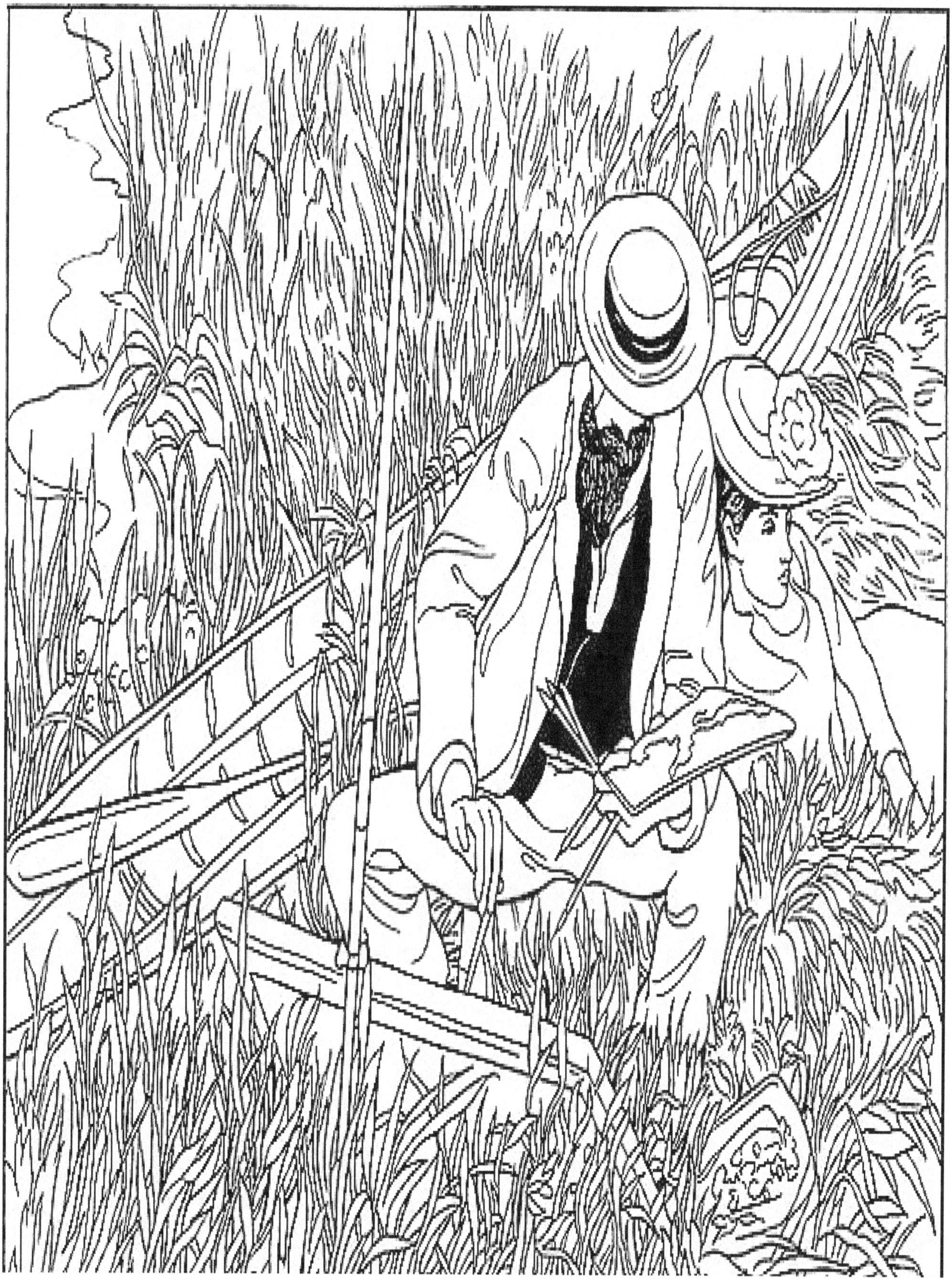

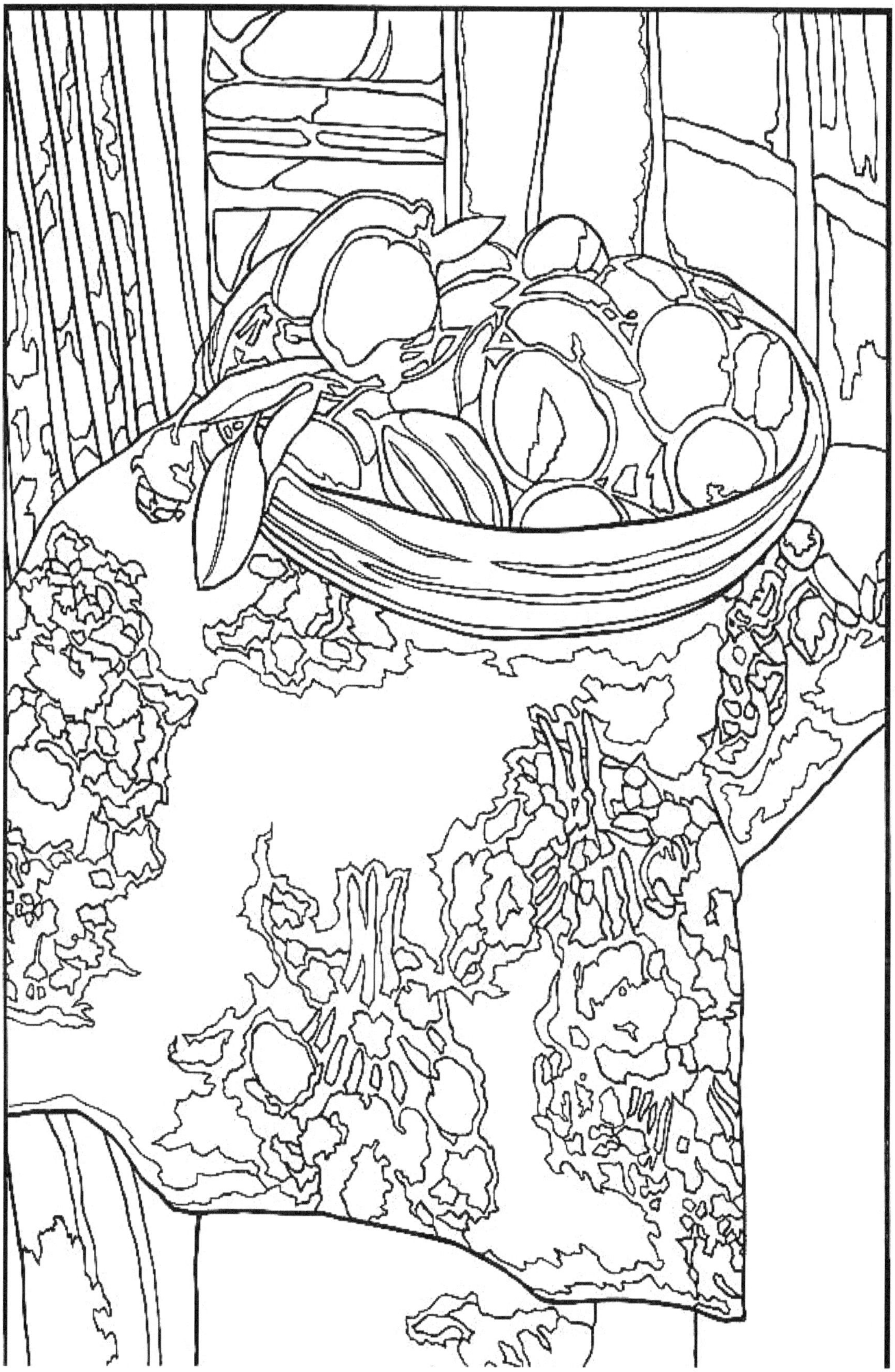

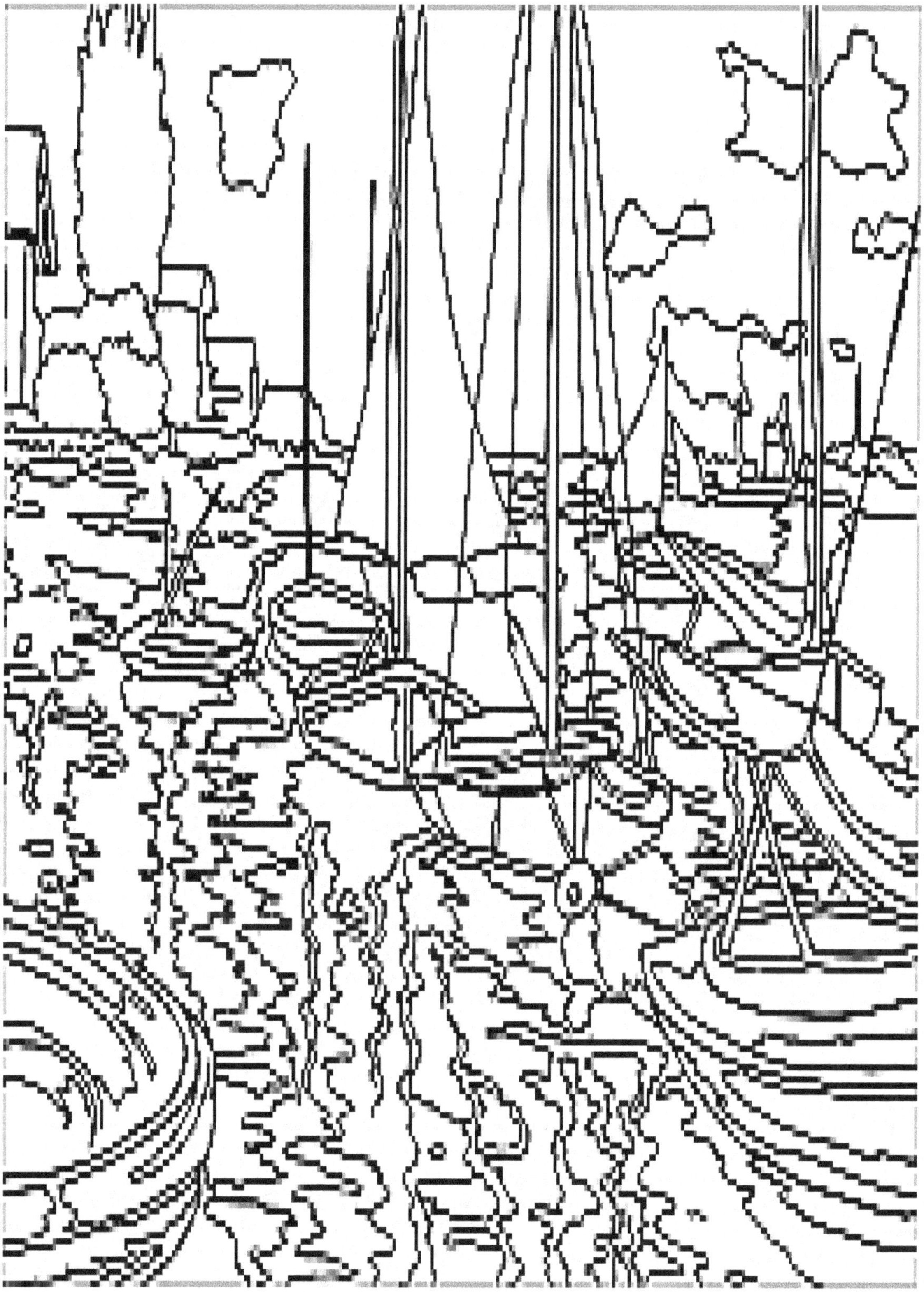

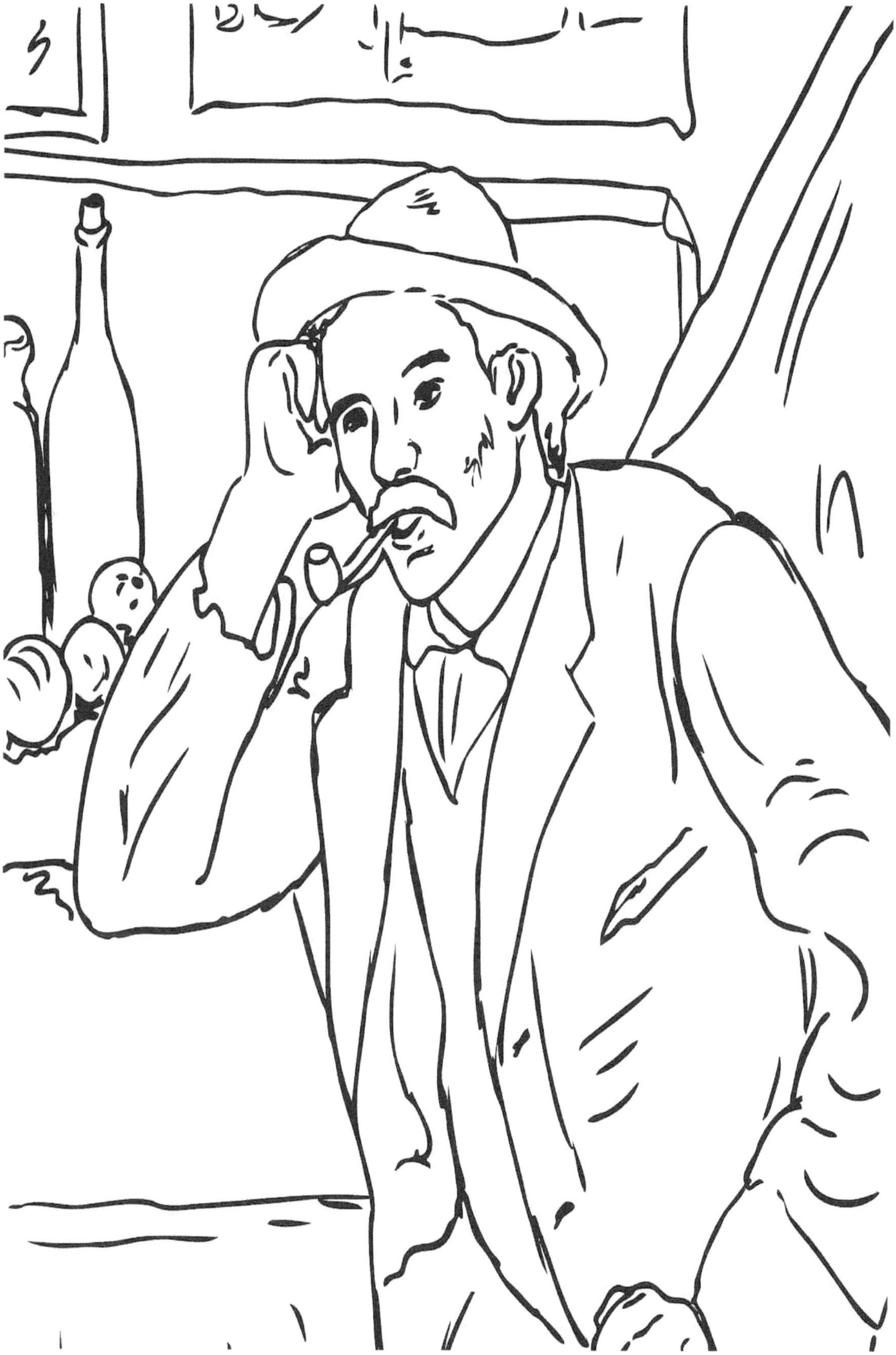

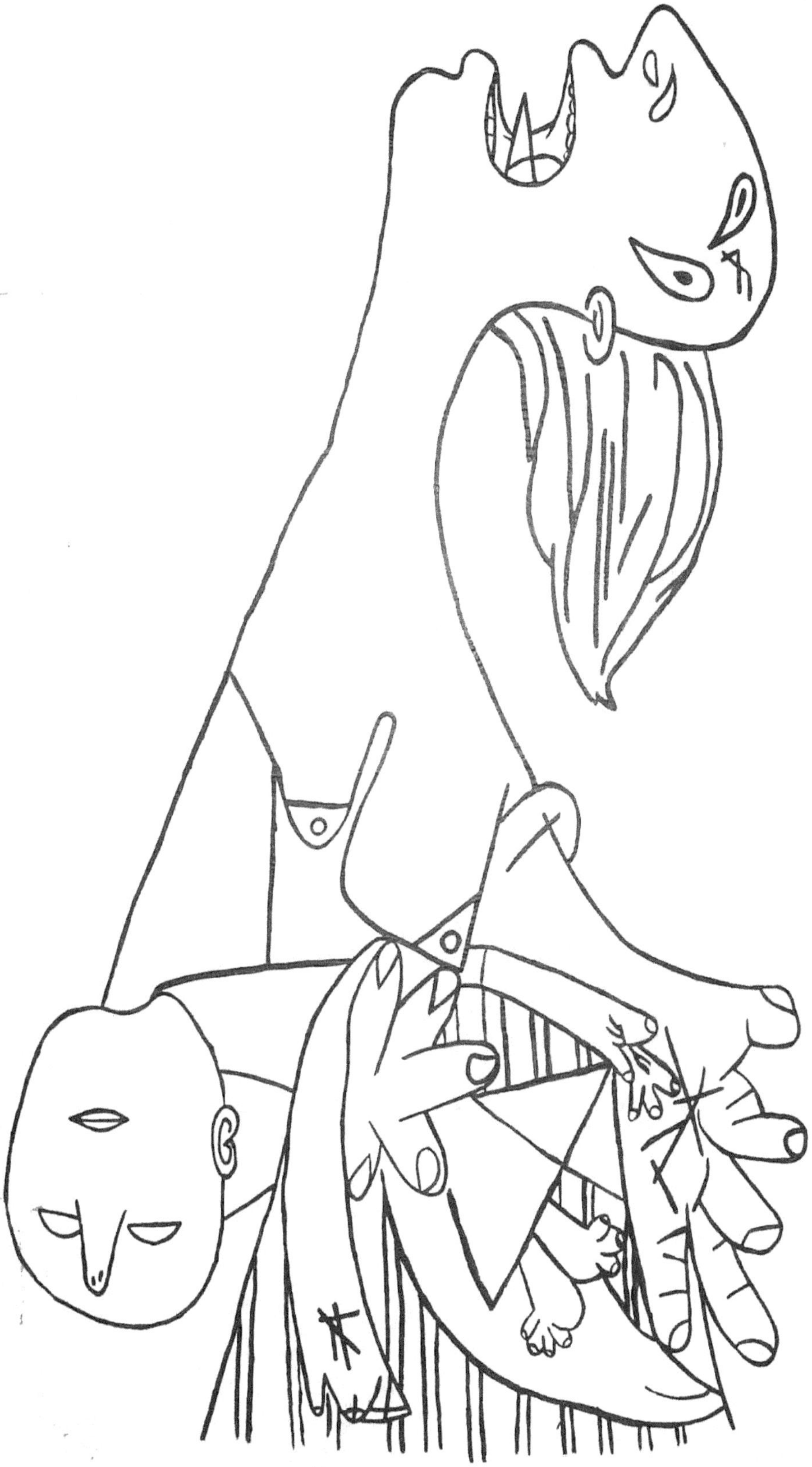

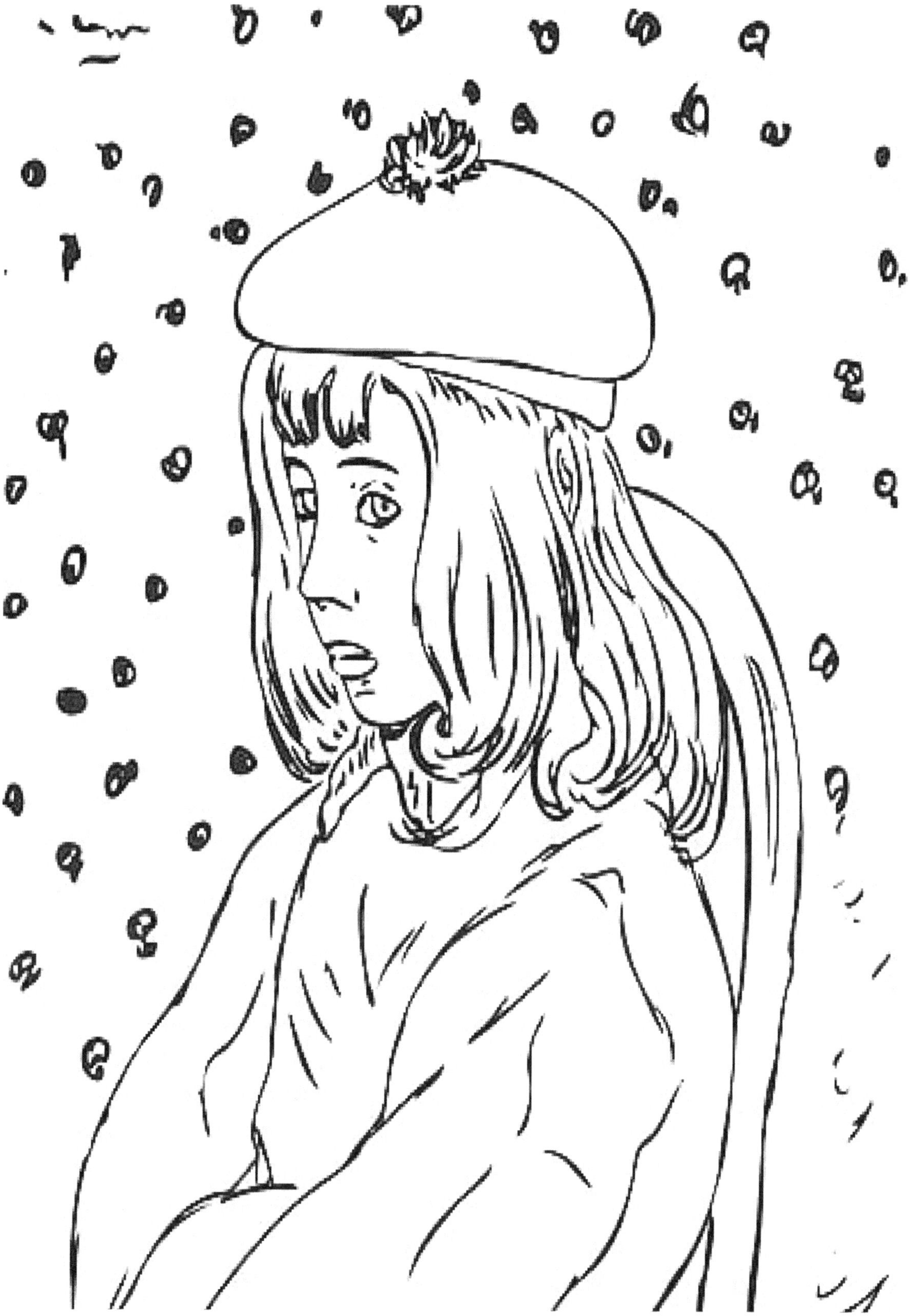

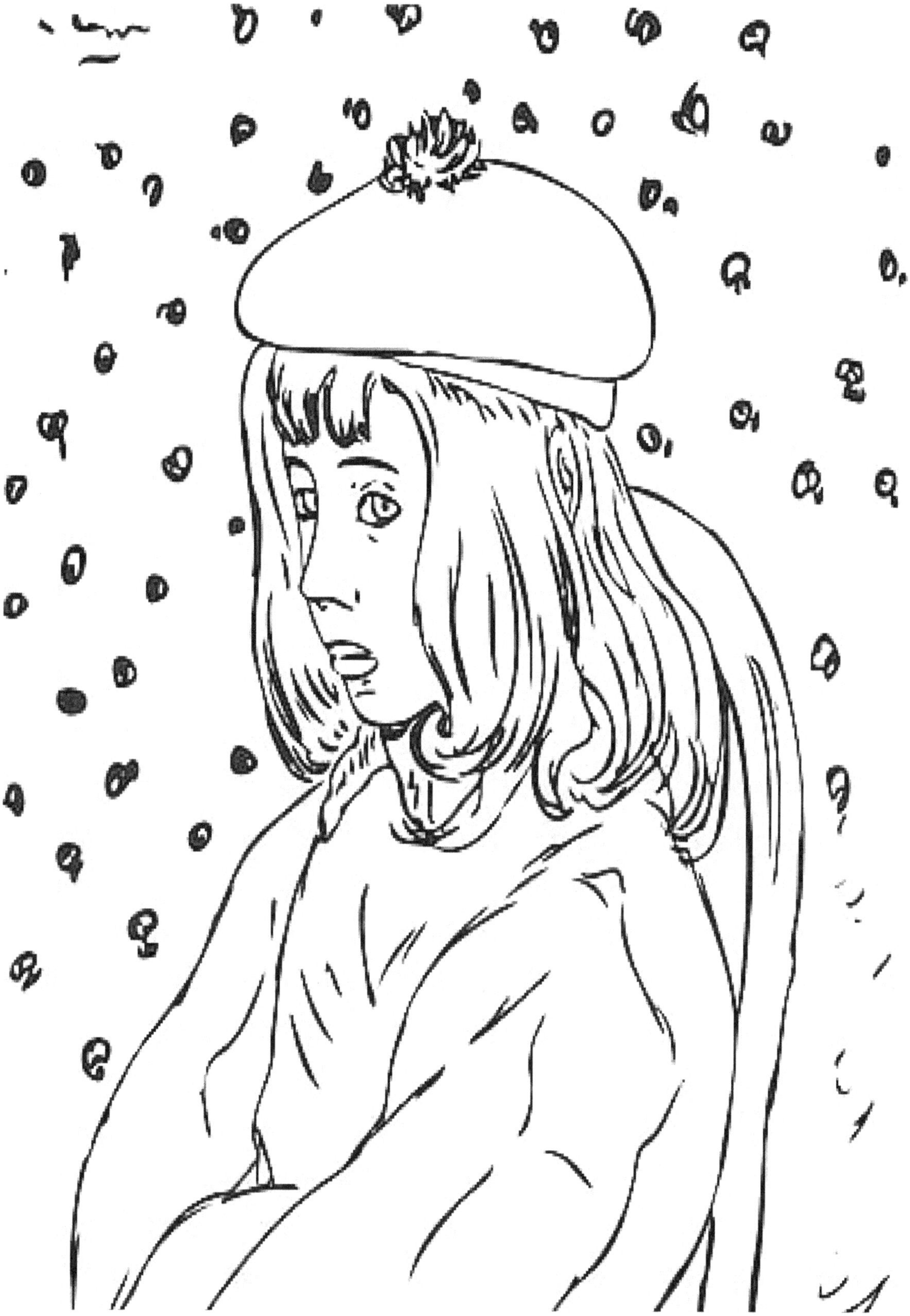

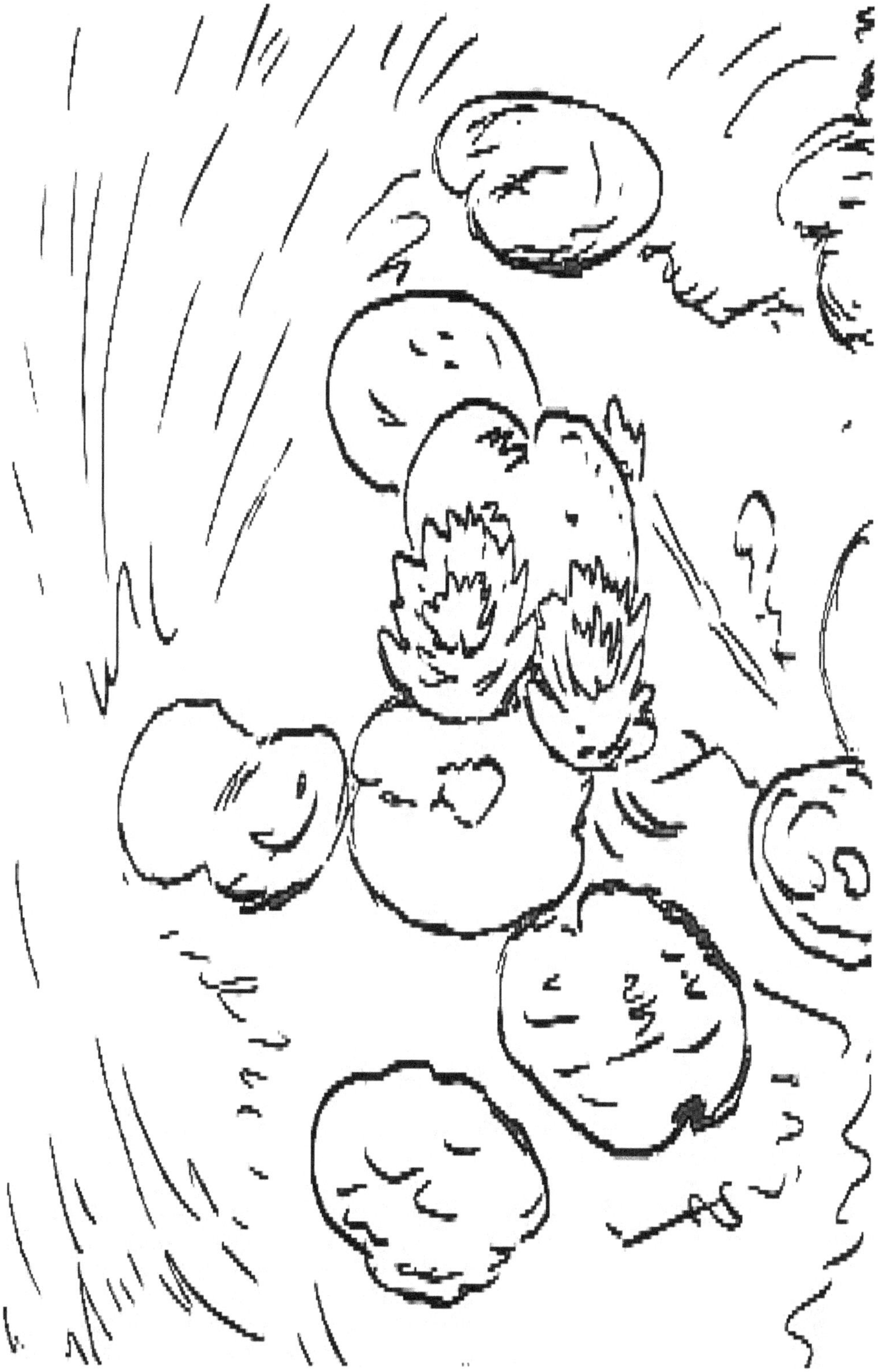

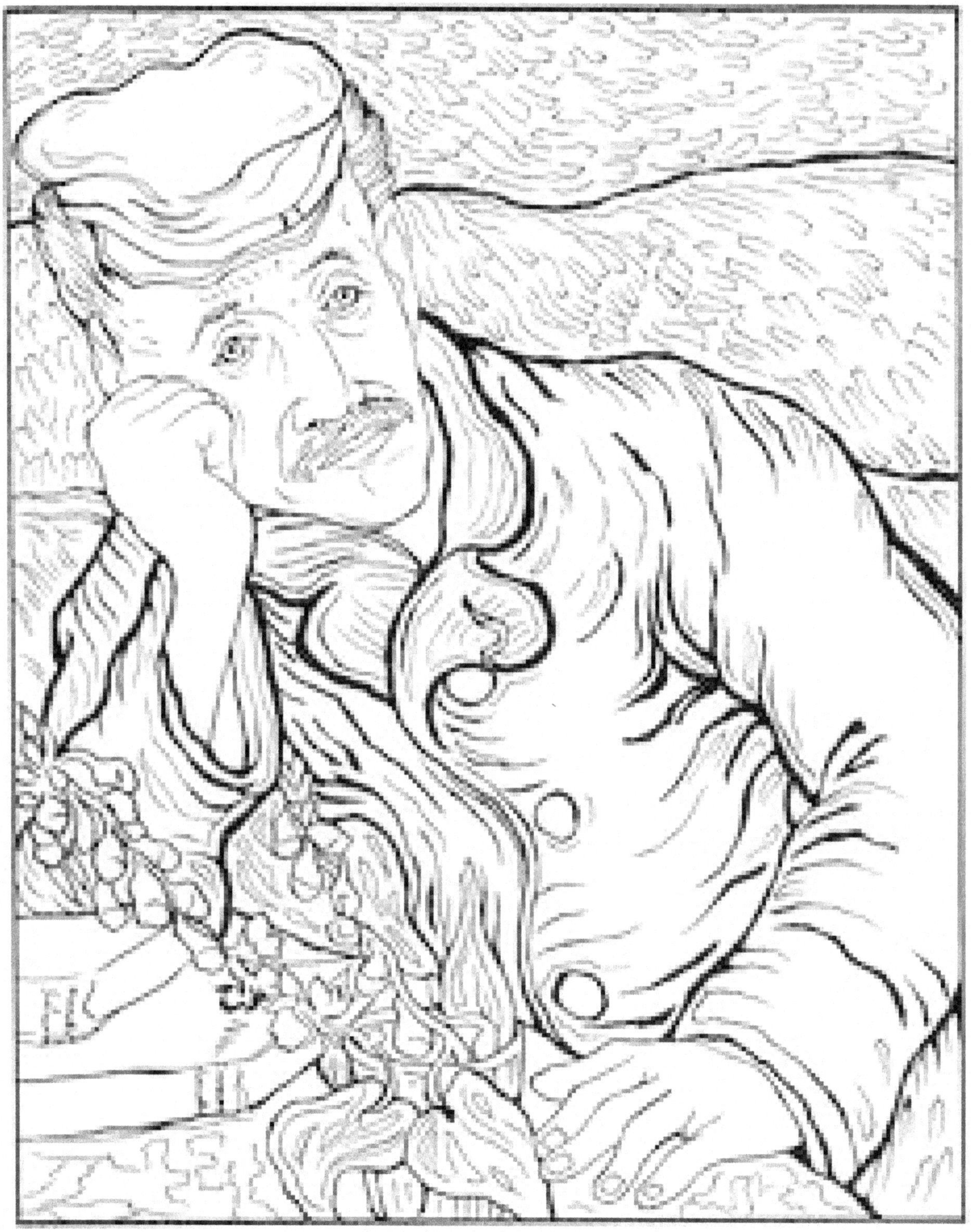

www.ingramcontent.com/pod-product-compliance
Lightning Source LLC
Chambersburg PA
CBHW081744220526
45468CB00008B/2236
* 9 7 8 1 7 9 8 4 0 7 5 7 8 *